CRÔNICAS AO VENTO

LILIANA LAGANÁ

CRÔNICAS AO VENTO

Labrador

© Liliana Laganá, 2023
Todos os direitos desta edição reservados à Editora Labrador.

Coordenação editorial Pamela Oliveira
Assistência editorial Leticia Oliveira, Jaqueline Corrêa
Projeto gráfico e capa Amanda Chagas
Diagramação Estúdio ds
Preparação de texto Ligia Alves
Revisão Maurício Katayama
Imagens de capa Hylio Laganá Fernandes

Dados Internacionais de Catalogação na Publicação (CIP)
Jéssica de Oliveira Molinari - CRB-8/9852

Laganá, Liliana
   Crônicas ao vento / Liliana Laganá. –
São Paulo : Labrador, 2023.
144 p.

ISBN 978-65-5625-469-2

1. Crônicas brasileiras I. Título

23-5806   CDD B869.3

Índice para catálogo sistemático:
1. Crônicas brasileiras

Labrador

Diretor-geral Daniel Pinsky
Rua Dr. José Elias, 520, sala 1
Alto da Lapa | 05083-030 | São Paulo | SP
contato@editoralabrador.com.br | (11) 3641-7446
editoralabrador.com.br

A reprodução de qualquer parte desta obra é ilegal e configura
uma apropriação indevida dos direitos intelectuais e patrimoniais
da autora. A editora não é responsável pelo conteúdo deste livro.
A autora conhece os fatos narrados, pelos quais é responsável, assim
como se responsabiliza pelos juízos emitidos.

a meus filhos, netos e bisnetos

... a crônica (...) pega o miúdo e mostra nele uma grandeza, uma beleza ou uma singularidade insuspeitadas.

Antonio Candido
"A vida ao rés do chão"

SUMÁRIO

Aquarela paulistana 11
Confiteor 14
Continentes à deriva 18
Armadilhas das palavras 25
Língua italiana e dialetos 28
A aldeia perdida 31
A jabuticabeira 36
Là, dove il limon fiorisce 39
Dez 41
Leveza 44
Uma rua para chamar de minha 48
O olhar e a paisagem 51
Norte e Sul 54
Agnus dei 57
Bodão 62
Gatinho pedrês 66
À flor da pele 69
Uomini e no 73
O poder da arquitetura 75
Correlações afetivas 78
Lobos e ovelhas 80
Olhai os lírios do campo 83
Garapa 86

Topografia mental 89
Caruso 91
Um homem quase perfeito 94
Sobre gatos e passarinhos 97
A porta proibida 100
Réquiem para um jasmim 103
Neblina 106
Sobre gatos e gatos 108
Peste em Milão 110
Folhas no outono 114
Estromboliana 116
Ausência 118
A companhia dos gatos 120
Gata do mato 124
O trem do caipira 126
O dito e o ouvido 129
O poeta e a poesia 131
O ritual do pranto 134
Vida eterna 137
Adeus às muletas 140
Iohan 143
A tristeza de Iohan 147
Diário de três gatos 150
Ciprestes 155

AQUARELA PAULISTANA*

Do meu terraço, onde floresce um jasmim que meu filho plantou, olho a paisagem que se descortina à minha frente, uma paisagem que se desenrola num amplo arco, desde o Pico do Jaraguá, a oeste, passando pela Cantareira e pelas colinas da Freguesia do Ó, além Tietê (que ainda consigo ver entre dois prédios de construção mais recente, que ocultaram de minha vista também uma favela), e segue pelo Espigão Central, delineado, na linha do horizonte, pela muralha ininterrupta de prédios desde o Alto da Lapa até a Paulista, atrás da colina da Cidade Universitária, que, com suas manchas de eucaliptos e capões de mata, tinge de verde o plano mais próximo.

Gosto de olhar esta paisagem quando o sol, certas manhãs, nascendo de trás dos prédios da Paulista, enlouquece o céu de mil cores e tinge tudo de rosa, na cidade

---

* "Aquarela paulistana" foi uma das cinquenta crônicas escolhidas num concurso para homenagear a cidade de São Paulo, por ocasião dos seus 450 anos, e publicada no livro *Crônicas: São Paulo 450 anos*, pela Prefeitura do Município de São Paulo, Secretaria Municipal de Cultura e Biblioteca Pública Mário de Andrade. Nesta, aqui publicada, inseri modificações e variantes necessárias.

que desperta para mais um de seus dias atormentados de trânsito e correria, no apagar das últimas luzes, e no rumor crescente de surdo tambor, urgente chamado ao trabalho, através dos infindáveis caminhos de ruas e avenidas e marginais e túneis e viadutos, na espessa floresta de cimento e vidro.

Gosto de olhar para ela em certos entardeceres, quando tudo se ilumina e esvaece na luz quase irreal — vermelho alaranjado violeta —, luz polarizada tão esplendorosa quanto fugaz, e os vidros dos prédios — e os prédios de vidro — se incendeiam, refletindo em mil fogos os últimos raios do sol poente, e logo se apagam, dando lugar ao acender das primeiras luzes.

Gosto de admirá-la à noite, quando o ar está límpido (oh, as noites pós-frontais, com o céu e a cidade lavados pela chuva recente!), e vê-la trepidante de luzes até o último horizonte, com o piscar intercalado e ininterrupto das torres de televisão, que se chamam e dialogam, do alto do Jaraguá à Paulista (que dirão umas às outras?), ou, nas noites de céu encoberto ou ar poluído, tentar adivinhar os prédios que mal se enxergam, feito fantasmas, ou imóveis sentinelas nos limites do habitável.

E gosto de olhar em certas manhãs brumosas de inverno, quando, apagada pela neblina, a cidade deixa de existir, e então tudo se torna possível, na ausência branco-leitosa, e eu posso facilmente imaginar surgirem dela minhas outras cidades, a muralha antiga e o campanário da pequena aldeia da infância, e as cúpulas arredondadas da maternal Roma, onde nasci.

Tudo é possível imaginar, na deslembrança da neblina, e tudo ela parece renovar: e assim, à medida que o sol desfaz pouco a pouco o véu que a encobre, surge renovada a paisagem costumeira — os dois prédios mais próximos, a colina da Cidade Universitária com o verde dos eucaliptos e da mata, o perfil do Jaraguá, a Cantareira, a Freguesia do Ó além Tietê, a muralha de prédios do Espigão Central —, recém-pintada num tom suave de aquarela.

Posso dizer, hoje, que amo esta cidade. Mas o que quer dizer isso, amar uma cidade? É, antes de mais nada, sentir nela o próprio lugar. Amamos os lugares quando os sentimos nossos, quando estabelecemos com eles uma relação de necessidade, de impossibilidade de viver sem, quando sofremos com a distância, quando nos regozijamos ao voltar, pois sabemos que eles estão à nossa espera.

Mas preciso confessar que não foi sempre assim — amar este lugar, amar esta cidade —, como saberão ao ler a próxima crônica.

CONFITEOR*
(confissões de uma imigrante italiana à cidade de São Paulo)

Confesso que, até os quinze anos, eu não sabia que você existia e que a odiei com todo o ódio que se pode sentir, quando meu pai anunciou que iríamos deixar a Itália e ir para o Brasil, onde você estava, na outra margem do Atlântico, quinze dias de navio distante do lugar em que eu vivia e que amava de visceral amor.

Confesso que comecei a ficar curiosa a seu respeito quando, todas as noites, meu pai lia, para toda a família, um livro intitulado *Lo Stato di San Paolo*, que o Consulado Brasileiro de Roma dava a todos os emigrantes, para que conhecessem um pouco o país para onde iam partir. E assim, noite após noite, você vinha ao nosso encontro, cidade moderna, circundada de verdes cafezais, com seu canto de sereia, cujo refrão era a palavra "trabalho".

---

* Texto apresentado ao Simpósio Nacional e Internacional de Geografia, Literatura e Arte, realizado nas dependências do Departamento de Geografia da Faculdade de Filosofia, Letras e Ciências Humanas da USP, em junho de 2013, organizado e dirigido pelo Professor Júlio César Suzuki, que também criou a revista *Geografia, Literatura e Arte* (*GEOLITERART*).

Confesso que olhei para você com desprezo e rejeição, quando nos encontramos cara a cara: você não era a cidade colorida que todos havíamos imaginado, mas, vestida de cinza, tinha um ar soturno e masculino, na ostentação de seus fálicos arranha-céus e sua altas chaminés, que tornavam mais aguda a saudade que eu sentia da minha cidade natal, a maternal Roma, no redondo de suas cúpulas e praças, no calor de seu ocre, flamejante aos últimos raios do sol.

Confesso que estranhei por demais a correria, por suas ruas e viadutos, de homens e mulheres, que iam de um lugar a outro, apressados para ir ao trabalho, ou sair dele, quase em marcha cerrada, sem nada olhar (afinal, o que haveria para admirar, nessa cidade feia e cinzenta?).

Confesso que não conseguia entender o orgulho que todos sentiam de você, só porque era a cidade que mais crescia no mundo, e que a cada hora se construíam não sei quantos novos prédios, ou casas, ou fábricas. Nem podia entender aquelas placas distribuídas amplamente pelas suas ruas e praças, e afixadas nos bondes e nos ônibus, proclamando, para que ninguém o esquecesse: *"São Paulo não pode parar"*. Não pode parar por quê?, me perguntava. Que destino era esse, crescer sem poder parar? Mas parecia que a felicidade só seria alcançada no dia em que você ultrapassasse, em tamanho, o Rio de Janeiro, e depois Buenos Aires, e não sei quantas outras cidades no mundo, e se tornasse uma das maiores, ou, quem sabe, a maior de todas. Para quê?, me perguntava. Mas nos olhos de todos via que isso não importava, importava crescer, e todo o resto viria como uma consequência natural do crescimento, como se crescimento e progresso fossem a mesma coisa.

Confesso que achava ridículo todos se orgulharem de que você já tinha quatrocentos anos. Quatrocentos anos, imaginem! Você os havia completado um ano antes de eu chegar, e estavam vivos na memória de todos os festejos que haviam comemorado seu aniversário. E eu, ouvindo-os, pensava (mas não dizia, pois só agora o confesso) que achava ridículos aqueles festejos, só porque você havia completado quatrocentos anos. Quatrocentos anos! O que eram, diante da cidade da qual eu vinha, em que o tempo era contado em milênios?

Confesso que a princípio pensei que você não era a cidade de ninguém, como se ninguém tivesse nascido de seu ventre, como se todos tivessem vindo de outros lugares, onde haviam deixado seus corações e para onde voltariam, após terem enriquecido no seu chão, e você era apenas uma estação em suas vidas, uma estação necessária, mas sempre uma estação, um lugar de passagem, um não lugar. E talvez por isso ninguém amava você como era, todos amavam a cidade que você seria, a cidade que todos, diariamente, com seus trabalhos, construíam e reconstruíam, transformando rios e fundos de vales em avenidas, erguendo novos prédios sobre os destroços de outros, já velhos, já ultrapassados, já empecilhos, mudando constantemente os perfis de suas praças e ruas, num afã incompreensível de apagar a memória fixada no chão, como se ela amarrasse seus pés, impedindo seu salto para o futuro.

Confesso que não sei quando comecei a olhar para você de modo diferente, a sentir você um pouco minha, e pensei que você também não me sentia mais como uma estranha e que, talvez, nunca tivesse me considerado uma estranha, porque você é assim, a cidade onde todos encontram espaço, e acabam por se sentir em casa.

Confesso que não sei quando comecei a amar você assim como era, com todas as suas contradições, com esse seu modo particular de ser, porque é esse o verdadeiro amor, amar os lugares assim como são, e não como gostaríamos que fossem.

Confesso que hoje, passados tantos anos, busco nas suas fotos antigas a cidade que tanto desprezei, e me perco em devaneios olhando as ruas, os viadutos, as praças de então, por onde me vejo caminhar, garota de saia rodada e salto alto, como se eu tivesse nascido do seu chão, aos dezesseis anos.

CONTINENTES À DERIVA

"E disse Deus: Ajuntem-se as águas debaixo dos céus num lugar; e apareça a porção seca; e assim foi.

E chamou Deus à porção seca Terra; e ao ajuntamento das águas chamou Mares; e viu Deus que era bom.

E disse Deus: Produza a terra relva, erva que dê semente, árvore frutífera que dê fruto segundo a sua espécie, cuja semente esteja nela sobre a terra; e assim foi.

E a terra produziu relva, e a erva deu semente conforme a sua espécie, e a árvore frutífera, cuja semente estava nela conforme a sua espécie; e viu Deus que era bom.

E disse Deus: Produzam as águas abundantemente répteis de alma vivente; e voem as aves sobre a face da expansão dos céus.

E Deus as abençoou, dizendo: Frutificai e multiplicai-vos, e enchei as águas nos mares; e as aves se multipliquem na terra."

E, depois de dar uma última olhada e ver que tudo era bom, Deus foi continuar sua obra, que ainda havia muito trabalho por concluir, inclusive sua última criação: o homem. E este, nós o sabemos, o moldou do barro à sua imagem e semelhança. E, de uma sua costela, criou a mulher. Ou quem sabe foi o contrário: criou primeiro a mulher, porque ela era mais apta à procriação, tendo-lhe Deus feito todos os órgãos para isso, e foi de seu ventre que nasceram todos os homens. E, todos nós o sabemos, a mulher tomou as rédeas em suas mãos, e mudou o curso de suas vidas no Paraíso Terrestre, sendo dele expulsos.

Mas voltemos à porção seca, que Deus chamou Terra. Era, a Terra, uma imensa massa que, muitos milhões de anos depois, o homem, que Deus a esta altura já havia criado, chamaria de Pangea ou Pangeia, do grego *pan* (todo) e *gea* (terra), que continha tudo aquilo que depois formaria os continentes. E no início ficaram quietinhos, os futuros continentes, como bebês recém-nascidos, que onde se os põem ali ficam, sem reclamar. Mas os séculos foram passando, milhões deles, porque o tempo de Deus e da Terra não é o mesmo tempo que contamos para nós. Bem, os milhões de séculos foram passando e os futuros continentes se sentiram incomodados com a presença dos outros. Já estavam naquela fase da adolescência, em que é comum se revoltar contra os pais (no caso o Pai) e querer mudar as coisas. Queriam esticar as pernas e encontravam as pernas dos outros, esticavam os braços e lá estavam os braços dos outros, se viravam e em qualquer direção davam com a cara dos outros. Não havia jeito. Além do mais, se deram conta de que as terras que confinavam com o mar eram beneficiadas, porque podiam olhar para aquela imensidão azul, e eram banhadas e acariciadas pelas ondas em seu contínuo vaivém, e batidas por suaves brisas marinhas, que traziam chuvas constantes, que permitiam o crescimento das plantas e a frutificação das árvores. Mas, quanto mais se penetrava para o interior, mais aumentava o calor e a secura, até que o centro se tornava um verdadeiro deserto. E eles acharam que isso não era tão bom como Deus havia dito, e viram nisso uma grande injustiça, como todo adolescente se vê injustiçado pelos pais. Claro que, nesse ínterim, a superfície da Pangeia havia sido corroída — pelo vento no deserto, pelas chuvas e pelos rios nas áreas litorâneas — e os detritos se haviam depositado no fundo dos mares. Mas isso de ficarem mais delgados, perdendo os picos mais altos e os planaltos mais maciços, não aliviava suas penas. E decidiram se separar, cada um seguindo seu caminho, como os filhos que, chegada uma certa idade, abandonam o lar e buscam seu próprio destino.

Os primeiros a se separar foram os continentes que estavam no Hemisfério Norte, e que no futuro receberiam o nome de Laurásia, que compreendia América do Norte, Europa, Ásia e Ártico. E já desde aquele tempo olharam com desdém para o resto da Pangeia, que havia ficado ao sul do Equador e que, muitos milhões de anos depois, não o esqueçamos, receberam o nome de Gondwana, que reunia América do Sul, África, Austrália e Índia, sendo separados, Laurásia e Gondwana, por um mar não muito profundo, que chamaram Tethis.

Mas isso também foi temporário: as terras, que já haviam experimentado o gosto da liberdade e o prazer de viajar, quiseram continuar a grande aventura. Foi assim que a América do Norte se despediu da Europa e começou sua viagem mar afora, na direção Oeste. O mesmo fez a América do Sul, que, desprendendo-se das costas africanas, rumou para Oeste, deslizando gostosamente sobre as placas terrestres, que eram elas a permitir que os continentes se deslocassem, como fazem até hoje. Essa separação causou muitos traumas, ou cismas: terremotos, maremotos, vulcanismos, com os quais se festejava a liberdade encontrada.

Em seu caminho, os continentes (agora podemos chamá-los assim) iam arrastando a grossa camada de sedimentos que se havia formado no fundo dos mares, pelos detritos vindos da Pangeia, e essas camadas de sedimentos marinhos, macias como barro, se dobravam, empurradas pelas placas continentais, de rochas duras e rijas. E se dobraram tanto que saíram do fundo do mar, e formaram montanhas soberbas, com picos altíssimos que, sujeitos à erosão dos ventos e das chuvas, deram origem a múltiplas formas, que até hoje nos encantam por sua beleza: são os Andes na América do Sul e as Rochosas na América do Norte. E aqui, naquilo que viria a ser o Brasil, o contrapeso exercido pelos Andes, a oeste, fez com que as terras situadas a leste emergissem do fundo do mar, formando uma majestosa escarpa, que chamariam Serra do Mar.

Na Laurásia, uma parte se deslocou para o Norte e chegou ao topo da Terra (que depois chamariam Ártico), talvez porque gostasse do frio, talvez porque o manto branco, que a recobriria eternamente, lhe fizesse imaginar ser para sempre uma noiva virgem indo para o altar. A Europa não saiu do lugar, unida de maneira sólida à Ásia, por sua vez ligada à África por uma estreita faixa de terra. Não saiu do lugar, a soberba Europa, mas recebeu alguns choques ao sul, onde surgiram os Alpes e os Apeninos. Não se deu esse trabalho de migrar, talvez porque já soubesse que, milhões de anos depois (é bom recordá-lo), mandaria valentes marinheiros que, na esteira do movimento dos continentes, chegariam a essas terras distantes e as conquistariam.

E o restante de Gondwana? Uma parte formou a Antártica, em contraposição ao nórdico Ártico. A Austrália resolveu se isolar, afastando-se de todo o resto, talvez porque gostasse de silêncio, cansada das contínuas discussões entre os irmãos, como sucede até hoje. Mas a mais rebelde foi a Índia, que largou os irmãos do Sul e foi juntar-se aos irmãos do Norte. E em sua fúria foi chocar-se com o sul de Laurásia, ocasionando o surgimento do Himalaia, com o pico mais alto do mundo: o Everest. Outros pedaços do continente se esmigalharam, formando uma miríade de ilhas, umas maiores outras menores, a que chamariam de Oceania.

E Deus, que tudo havia observado e que desde o começo sabia que os continentes realizariam seu destino, cada um encontrando seu lugar, olhou bem o globo terrestre, segurando-o delicadamente com suas divinas mãos, olhou os picos nevados das montanhas, as extensas planícies, os soberbos planaltos, e se demorou a olhar o contorno dos continentes, aqui maciços, ali recortados, aqui brancas praias, ali penhascos a pico sobre o mar, aqui as verdes relvas, ali as densas florestas, acolá as dunas dos desertos: olhou tudo e viu Deus que era bom.

Mas, olhando mais atentamente, viu Deus que o continente sul-americano (claro, ainda não era chamado assim porque demoraria ainda muitos milhões de anos para que ali chegassem homens da Europa para dar-lhe esse nome) parecia mal-acabado em sua ponta sul. Seu formato, ao contrário da maciça África, era largo ao norte e se estreitava em direção ao sul, o que lhe dava certa esbelteza, mas faltava algo. E decidiu Deus dar um toque final, um toque, digamos, divino. Pegou da argila que havia reservado para criar o homem, a esfarelou nas palmas das mãos e a jogou ao acaso naquele fim de mundo, onde surgiu uma miríade de ilhas, separadas por um labirinto de canais, de águas tão azuis e profundas que encantariam sobremaneira os homens, quando ali chegassem. Afundou o polegar naquele barro e criou um lago, em volta do qual dispôs várias geleiras, que o gelo era abundante por ali, sendo o lugar mais meridional do mundo, como um braço estendido em direção à Antártica. E viu Deus que precisou criar um novo tom de azul para aquele lago, pois que os fragmentos trazidos pelas geleiras, triturados em seu longo percurso, se haviam tornado um pó tão fininho que, despejado no lago, se mantinha suspenso na água, dando-lhe um aspecto quase leitoso, um azul diferente de todos os azuis já existentes.

Deus olhou, achou bom, sorriu satisfeito por haver criado naquele fim de mundo tanta beleza, e foi descansar, à espera do dia em que criaria o homem.

ARMADILHAS DAS PALAVRAS

Uma tarde de sábado em que não chovia — pois era outubro e chovia quase sempre, às tardes —, meu pai e eu saímos para conhecer os arredores da Rua Castro Alves, onde morávamos, na casa de meu tio Consolato. Havíamos chegado da Itália uns dois ou três dias antes, e tudo era novidade, principalmente a língua. Caminhando pela Castro Alves, descobrimos uma maneira fácil e divertida de ampliar nosso vocabulário do português: parávamos para ler os cartazes de todo tipo de produtos e serviços, que abundavam pela rua.

Não tínhamos a menor ideia da ortografia e da fonética, assim que podem imaginar como líamos aquelas palavras. Tentarei reproduzir aqui aquela "bárbara" e primordial leitura: "Alfaiaté", líamos, e já sabíamos o que aquela palavra significava, pois estava lá *il sarto*, costurando perto da porta; "Barbeirós", líamos, e isso era fácil de entender, além de que lá estava *il barbiere*, ensaboando a cara de algum freguês; "Acoúgüe", líamos (oh palavra difícil!), e não entenderíamos que era *macellaio* se não houvesse as carnes penduradas, e o homem de avental branco, sujo de sangue; "Ca-be-lei-rei-ra", líamos, soletrando essa palavra tão comprida, e víamos que era *parrucchiera* pelas fotos e apetrechos expostos na vitrina; "Secós e Moladós", líamos, e só entendemos em parte: "Secós" devia significar *secchi*, mas "Moladós", o que seria? Perguntaríamos a tio Consolato, na volta. "Parmacía", líamos, fácil de ver que era *farmacia*, pelas estantes de madeira cheias de remédios, só que escrita com o P em lugar do F (o H não existia, para nós). E assim seguíamos, felizes por aprender tantas palavras novas!

Chegados na esquina da Castro Alves com a Vergueiro, vimos uma grande construção, cercada de altos muros. O que seria aquilo? Mas lá estava um cartaz enorme, pendurado bem alto, que logo nos disse de que se tratava: "Forca Pública de Sao Paulo", lemos, e ficamos estarrecidos:

"*C'è ancora la forca, qui in Brasile, papà!*", exclamei, os olhos esbugalhados.

Meu pai olhava fixo aquela escrita:

"*E per di più pubblica!*", conseguiu dizer.

Como era possível ainda existir, neste país, essa forma de pena de morte, realizada em público, como nos tempos mais obscuros da história? Ficamos paralisados. Mas eu continuei a ler, procurando alguma explicação para aquilo. E li:

"Secondo Batalao de Cacadorés".

O quê? "Batalao" dava para entender: correspondia ao italiano *battaglione*, mas que *battaglione* mais esquisito era aquele?

Não quisemos ler mais nada, e fomos direto para casa.

"O que aconteceu?", perguntou tio Consolato ao nos ver chegar tão esbaforidos. Mas, ao ouvir o relato e nossas ansiosas perguntas, deu uma sonora gargalhada: "Não se trata de 'Forca Pública'", disse ele, divertido diante de nosso espanto. "É a Força Pública, *La Forza Pubblica di São Paulo*", disse ele. E continuou: "Debaixo do C existe um sinalzinho que muda 'Forca' para 'Força'".

E riu ainda mais quando perguntei que tipo de "Batalao" era aquele:

"Ali também existe esse sinalzinho debaixo de C. É o Segundo Batalhão de Caçadores, *cacciatori*, não *cacatori*!", disse tio Consolato, rindo à larga.

LÍNGUA ITALIANA E DIALETOS

Todo italiano suga o dialeto com o leite materno, e aprende a língua italiana na escola. E os dialetos são tão profundamente diferentes uns dos outros que, em tempos em que não eram alfabetizados, os italianos não se entendiam entre si. *Strano, ma vero!*

Significativo é o fato de que os primeiros imigrantes italianos, nas colônias do Sul do Brasil, provenientes de diferentes regiões italianas e em sua maioria analfabetos, utilizavam o português para se comunicarem. *Molto strano, ma vero!*

Mussolini tentou mudar essa situação, construindo muitas escolas primárias em toda a Itália, proibindo o dialeto e obrigando todos os italianos a falar uma só língua. Eram evidentes seus fins políticos: uma só grande pátria, uma só bela língua! Só assim todos entenderiam seus discursos inflamados, que hipnotizavam o povo reunido em Piazza Venezia: belas palavras, que levariam aquelas mesmas gentes à pior das guerras! *Tragico, ma vero!*

Mas Mussolini se enganou ao acreditar que poderia eliminar definitivamente os dialetos. Hoje, os meios de comunicação de massa, falados num italiano médio (chamado *koiné* pelos linguistas), fazem com que todos entendam a língua italiana, mas todos continuam a utilizar seus dialetos, tão ricos e saborosos. E agora que os tempos mudaram, e ninguém mais quer obrigar a falar de um modo forçado, vindo de cima, os dialetos são revalorizados nas escolas, dando atenção à literatura dialetal, de real e grande importância. *Bello, e vero!*

Mas eu quero contar aqui dois fatos que vivenciei anos atrás na Itália, e que mostram bem essa dicotomia língua/dialetos.

O primeiro ocorreu numa viagem à aldeia do meu pai, na Calábria, na década de 1980. Era outono, tempo de castanhas e nozes frescas. Estava frio, a lareira acesa e a sala cheia de parentes, que haviam vindo à casa de uma tia, irmã do meu pai, onde eu estava hospedada.

Uma menina, de uns sete anos, chamou minha atenção pelo modo cuidadoso com que descascava uma castanha, alheia a tudo, inteiramente absorta naquela tarefa. Ao terminar, entregou a castanha limpinha ao pai. Ele, distraído pela conversa que corria solta, nem percebeu do que se tratava, e jogou a castanha ao fogo. A menina, muito brava, gritou uma frase da qual não entendi absolutamente nada. Perguntei a ela o que havia dito. O pai interveio, dizendo-me que ela só entendia o dialeto, e me repetiu a frase em italiano:

---

* *Koiné* é a palavra grega para "comum". Diferente do grego clássico, utilizado pelas elites intelectuais, o *koiné* era a língua comum dos povos mediterrâneos, dos trabalhadores dos portos, dos camponeses, dos comerciantes. Vale ressaltar que o Novo Testamento foi escrito em *koiné* para que a palavra do Cristo fosse acessível a todos.

"*Ci ho messo un'ora per pulirla e tu me la butti nel fuoco?*" (demorei uma hora para limpá-la e você a joga ao fogo?).

Mas eu, curiosa, pedi a ele que a repetisse em dialeto: "*Ciaggio misso n'ora mu ma munno, e tu ma ietti dint'o fuoco!!*", havia dito a menina. *Che sapore vero!*

Em outra viagem, sempre nos anos 1980, fui visitar uns primos em Reggio Calabria. Era verão e havia figos-da-índia maduros, como corais agarrados nas palmas graúdas e espinhosas. Uma prima me apresentou a filha, de uns cinco anos, dizendo-me que eu podia falar com ela, porque a menina entendia italiano.

"Só falo em italiano com ela", disse orgulhosa a mãe, "e não a deixo ir para a rua, para não misturar a língua com o dialeto que as outras crianças falam. Verdade que assim não tem amigos, mas estará pronta quando for para a escola!" *Scelta drammatica, vero?*

"E depois?", perguntarão vocês. Certamente, a primeira menina terá aprendido italiano na escola, como todos nós aprendemos, com maior ou menor dificuldade. Mas continuará a falar seu dialeto em casa e com os amigos, porque o dialeto é sua alma e seu lugar.

E a segunda menina? Com certeza se deu muito bem na escola, já sabendo falar italiano. Mas, no contato com os colegas, deve ter aprendido o dialeto, na escola, e no dialeto ter encontrado o fim de sua reclusão e a companhia, que lhe fora negada pela mãe. *Se non è vero, è ben trovato.*

A ALDEIA PERDIDA

... dagli ignoti mari scorrean le terre ignote con un grido straniero in bocca, a guadagnar danari per rifarsi un campo, per rifarsi um nido*
Giovanni Pascoli**
"Italy"

Eram fins de 1960, e eu estudava a organização agrária do município de Limeira, no qual se distinguiam duas áreas: o norte e o noroeste do município, de terras férteis, eram o domínio das grandes fazendas, com suas homogêneas culturas de cana-de-açúcar, ao passo que ao sul e sudeste se encontravam os bairros rurais, formados por pequenos agricultores familiares, com culturas de subsistência, tendo nos laranjais sua cultura comercial.

---

* ... dos desconhecidos mares percorriam as terras desconhecidas, com um grito estrangeiro na boca, para ganhar dinheiro, para fazer um novo campo, para fazer um novo ninho.
** Giovanni Pascoli (1855-1912), poeta e professor de Literatura Italiana em Bolonha, escreveu poesias (em italiano e latim) de caráter intimista.

Os bairros rurais eram meu objeto de estudo, e eu gostava de entrar em contato com a gente simples do campo, ouvir as histórias que eles gostavam de contar quando os deixava falar livremente, terminadas as perguntas chatas e repetitivas do questionário previamente preparado.

Era nessa hora que se dava o verdadeiro contato, ainda mais sendo a maioria dos entrevistados descendente de imigrantes alemães, italianos, poloneses. Ofereciam sempre café e, quando a conversa se alongava mais do que o previsto, um delicioso lanche: pão feito em casa e assado no forno que ficava logo ali, ou uma broa de milho, vinda do próprio milharal, ou linguiça, também feita em casa, de uns porcos por eles criados.

Não me dava conta, ainda, de que esse gosto de falar com gente do campo me remetia à aldeia da minha infância, às casas dos *contadini*, com seu cheiro de queijo e vinho, que eu frequentava com minha *nonna*. Essa consciência veio bem depois, quando entendi que, em tudo que fazemos — no trabalho, nos estudos —, é sempre a busca de nós mesmos, do nosso eu mais profundo, que nos impulsiona.

Naquele tempo estava interessada, como geógrafa, em recolher dados objetivos, dentro da geografia positivista, que professávamos e na qual acreditávamos. O que interessava era saber o que se plantava, o que era para subsistência, quais os produtos comercializados, como os cultivos se distribuíam na propriedade, e assim por diante. Muitas vezes pedia para dar uma volta pela propriedade, para ver a distribuição das culturas, e a paisagem que disso resultava. E o proprietário, com seus dedos calosos e um sorriso de satisfação estampado no rosto, me mostrava os restos do velho cafezal no alto da colina, o laranjal à meia encosta, o pasto beirando o riacho: ele herdara a terra, seu bem mais precioso, de seus pais ou avós, que haviam atravessado o oceano em busca de uma terra para cultivar, e que ele continuava a cultivar com amor.

Era diferente nas fazendas, onde todos trabalhavam a terra que não lhes pertencia, como assalariados ou meeiros. Visitei uma dessas grandes propriedades, a Fazenda Ibicaba, localizada na parte norte do município de Limeira. Ibicaba havia conhecido seu esplendor com a cultura do café, em meados do século XIX, tendo sido lá que se havia introduzido o colonato, sistema de trabalho à meia, atraindo muitos imigrantes europeus, para substituir a mão de obra escrava. Pude ver os grandes salões da casa grande, decorados com lindos móveis da época, o enorme terreiro para secagem do café, a tulha para seu depósito, a escura e úmida senzala, com divisões para homens e mulheres, e as casinhas dos colonos, enfileiradas na meia encosta de uma colina.

Olhava como imergida naquele tempo que se fora, naquela vida que deixara na paisagem as marcas de sua passagem quando, como vindos daquele passado, se aproximaram de mim dois velhinhos, numa pequena charrete, os dois altos e magros, os olhos azuis debaixo dos cabelos brancos, que vi quando, em sinal de respeito, tiraram os chapéus para me cumprimentar. Alguém lhes havia dito que uma italiana estava visitando a fazenda.

"A senhora é italiana mesmo?", perguntaram. À minha resposta afirmativa, esboçou-se um sorriso em seus rostos. "Então quem sabe a senhora pode nos ajudar!"

"De que se trata?"

"Nós queríamos saber onde fica a aldeia da qual vieram nossos pais!"

"Qual é o nome da aldeia?"

"Província!", disseram os dois ao mesmo tempo, eufóricos.

"Província de quê?", perguntei.

"Só Província!", responderam de novo ao mesmo tempo.

Via-se claramente que eram do norte da Itália, com certeza da região do Vêneto, quem sabe até de uma aldeia na província de Veneza. Com certeza, desde pequenos, haviam ouvido os pais falarem que vinham de uma aldeia tal na província tal, e em suas lembranças só ficara "Província".

Eu disse a eles que só com "província" não dava para saber, que "província" era como "município" aqui no Brasil, e que era necessário o nome da aldeia. Eles agradeceram assim mesmo, viraram a charrete, e se afastaram de cabeça baixa sobre o peito magro e triste.

Por que fui tão insensível ao não entender a importância daquela informação para eles? Por que não disse a eles que conhecia muito bem "Província", que eu havia estado lá, que era uma aldeia muito bonita, mas muito bonita mesmo, não longe da cidade de Veneza? Quem, afinal, poderia me contradizer?

Muitas vezes volta-me a imagem da pequena charrete se afastando e quero correr atrás dela, contar aos dois velhinhos todas as belezas de Província, as antigas casas de pedras, os velhos telhados com chaminés, os gerânios vermelhos em cada balcão, a enfeitar as vielas por onde haviam caminhado seus pais.

Mas a pequena charrete já sumiu na curva da estrada.

A JABUTICABEIRA

L'amor che move il sole e l'altre stelle
Dante — Paradiso, XXXIII, v. 145
A Divina Comédia

A jabuticabeira gostou do novo terraço: era bem mais espaçoso que o anterior, o que lhe permitia alongar seus braços, digo, galhos, em todas as direções, e tornar seu corpo equilibrado, como deve ser, e não como antes, quando crescera para um só lado, onde batia o sol, fazendo-a parecer metade de uma planta. Agora o sol era abundante, batia em todo lado, durante o dia todo, desde os primeiros raios da manhã até os últimos da tarde. E ela estava feliz, com o porte bonito, que agora podia ostentar.

Estava feliz por outro motivo: suas raízes também haviam encontrado um espaço maior, no vaso para onde fora transplantada, e podiam se expandir mais à vontade. Claro, continuariam a encontrar os limites do vaso, e ela, preocupada, pensou que chegaria um dia em que esses limites se tornariam muito apertados, como acontecera no vaso anterior, onde as raízes se haviam engruvinhado umas nas outras, formando um intricado novelo impossível de destrinchar, feito um verdadeiro bloco, duro e compacto como um tijolo.

Mas ela desviou esse pensamento, afinal ninguém sabe o futuro, e viver pensando nele é jogar fora o presente, é um não viver. E tratou de viver o momento bonito do presente: sentia suas raízes tatearem no escuro da terra úmida, sugarem os alimentos e lançá-los para os galhos e para as folhas batidas de sol, formando seu sangue, a vida que a fazia crescer, florescer, frutificar.

Sentia que ia florescer por um formigamento que a perpassava inteira, e depois umas picadinhas nos troncos, sinal de que os brotinhos haviam conseguido furar a casca, e toda vez se perguntava de onde lhes vinha tanta força, para conseguirem, eles tão miúdos e delicados, aquela verdadeira façanha de furar a casca, já dura. Era uma força poderosa, que impulsionava toda ela, cada parte dela, desde as raízes até a última folhinha, lá no alto, que acabara de nascer, formosa e rosada como um bebê.

E, quando os brotos se abriam em florezinhas brancas, tão delicadas, quase aéreas, que a enfeitavam como a uma noiva pronta para ir ao altar, percebia muitos olhares encantados posarem sobre seus troncos, e ela provava um contentamento interior, como toda mulher, quando é elogiada.

Certo dia, ouviu alguém dizer que as flores pareciam flocos de neve. Ela não sabia o que eram flocos de neve, deviam ser bonitos, pois os comparavam às suas flores, mas ela nunca os vira, nem suas ancestrais os haviam visto, sendo originárias da floresta quente e úmida, naquela serra que olha o mar, nestas terras do Brasil. Nesta terra, e não em outras, haviam encontrado o ambiente ideal para nascer e procriar. Isso ela sabia, não entendia como, mas sabia.

E os olhares continuavam curiosos sobre ela, para ver as bolinhas verdes agarradas aos troncos, que iam tomando um tom arroxeado à medida que cresciam, até ficarem pretas e luzidias, quando então eram arrancadas do tronco e enfiadas nas bocas ansiosas.

Muitas vezes, quando ainda havia bastantes bolinhas pretas, novos brotos furavam a casca e explodiam em flores: duas florações seguidas, que aconteciam não porque ela quisesse, mas porque a isso era levada por aquela força poderosa e secreta, que só podia provir de um amor infinito, o "amor que move o sol e as outras estrelas".

LÀ, DOVE IL LIMON FIORISCE

"Lá, onde floresce o limoeiro": com essa simples frase Goethe designava duas grandes áreas climáticas na Europa, separadas pelo arco dos Alpes: ao norte, as terras frias e de céu quase sempre baixo e cinzento; ao sul, as terras batidas pelo sol, de céu imenso e quase sempre azul, onde floresce o limoeiro. É o que ele diz em seu livro *Viagem à Itália*, que li na tradução italiana: daí o título deste texto.

Aqui no Brasil temos outros limões, o taiti, o rosa, mas é ao limão-siciliano que Goethe se referia, o único que naquelas terras floresce, carregando no nome, como uma marca em sua espessa e rugosa casca amarela, o lugar de sua terra natal, a Sicília.

Mas o limão-siciliano acabou migrando para outras terras, acompanhando os homens que de lá partiram, e acabou chegando também às terras do Brasil.

E agora aqui está ele, meu limão-siciliano, em meu terraço, com seus lindos frutos amarelos, enfeitando-o como bolas douradas numa árvore de Natal, a planta milagrosa que traz presentes.

Está plantado num vaso em frente à jabuticabeira, ele vindo de terras distantes, ela indígena, do Brasil, aqui nascida e que só aqui floresce. Os dois gozam de um sol amoroso, o dia inteiro, e parece que competem, os dois, em produzir frutos seguidamente, ele que talvez tenha esquecido os invernos gelados, ela que nunca os conheceu. Como acontece com a jabuticabeira, o limoeiro exibe agora flores brancas e perfumadas, ao lado das frutas quase maduras.

Chego a pensar que, à noite, quando tudo cala, eles conversam e se entendem, embora ela fale numa antiga e esquecida língua indígena, ele em dialeto siciliano.

E eu gostaria de saber o que diria Goethe, agora que aquele seu "lá" ficou muito mais distante. E o que diria Caminha, que acertou, ao ver a nova terra, quando disse que nela, "em se plantando, tudo dá".

DEZ

ao professor Pasquale Petrone
in memoriam

Na noite passada, sonhei com Petrone, meu professor de Geografia no colegial, e depois colega no Departamento de Geografia da USP, por longos anos.

Do sonho, só lembro que, num dado momento, aproximando-se de meu ouvido, ele disse:

"Dez!"

Um "dez" tão redondo e sonoro que me acordou. "Dez?", me perguntei, ainda envolta pelas névoas do sonho. O que significava aquele "dez!"?

E a lembrança surgiu, súbita e nítida, como ar que a chuva acabou de lavar: estava no terceiro ano do colegial, e Geografia era a matéria que eu estudava com mais afinco. No início havia sido por medo, pois o professor Petrone se mostrara muito rígido na primeira aula, a ponto de me assustar. Mas suas magníficas aulas haviam despertado em mim o interesse por essa matéria, e agora a estudava não mais por medo, mas porque me fascinava.

Como não se encantar com aquelas explicações sobre a formação dos ventos e o surgimento das altas montanhas, vindas das profundezas do mar? Como esquecer a aula sobre o pastoreio nômade na Ásia Central, em que se podia ouvir o pisoteio dos rebanhos de cabras, em suas andanças? Ou a branca caatinga e a seca no Nordeste brasileiro, onde vivia um povo nada forte, como se havia dito, mas seres condenados à fome crônica, à miséria, ao abandono, a uma vida sem esperança a não ser partir? Ou a descrição da Baixada Santista, com seus rios "largos, lentos e sinuosos" e o perigo representado pela ocupação humana dos morros, em que a retirada da cobertura natural, que era a mata, ocasionava deslizes de terra, destruição e mortes?

Para mim, recém-chegada da Itália, era como abrir as páginas de um novo, imenso e diversificado livro, em comparação ao qual as páginas de latim, até então minha matéria preferida, perdiam o encanto, a ponto de eu mudar o rumo que havia traçado para mim, fazendo-me largar os estudos clássicos e ingressar no curso de Geografia.

Mas voltemos à lembrança: naquele final de ano, o professor sugeriu que, em vez de fazer outra prova, poderia repetir a nota do mês anterior. A classe toda aceitou, dando pulos de alegria por não precisar estudar para a prova final.

Mas eu levantei o braço, e disse que queria me submeter à prova. Todos ficaram de boca aberta ao ouvirem aquela verdadeira aberração: eu devia estar maluca, uma doida varrida, ao querer fazer a prova, pelo simples fato de que minha nota do mês anterior era dez. O que eu queria mais? Um dez duplo? Um dez com louvor? Não, eu queria simplesmente confirmar aquele dez.

Que eu me lembre, o professor não perguntou se eu queria mesmo fazer a prova, simplesmente assentiu e, no dia marcado, fiz a prova escrita, enquanto o professor pacientemente esperava, olhando pela janela ou dando alguns passos pela sala. Tirei outro dez.

"Querido Petrone", gostaria de dizer-lhe hoje, "em seu lugar, eu me teria dado um nove!"

Seria uma boa lição para aquela menina temerária e metida a besta. Mas, naquele "dez!", ouvido no sonho, não havia sombra de recriminação. Será que me havia perdoado por tê-lo feito esperar uma hora, sem necessidade, naquela sala vazia? Ou quis me dizer que havia entendido perfeitamente aquele meu gesto, por intuir que eu era tão exigente comigo mesma porque obedecia cegamente a uma ordem absurdamente rígida, que, vinda de fora, eu havia feito minha? E dizer que eu não precisava provar nada a ninguém, e poderia ter aceitado o "dez" do mês anterior, segura de seu valor, sem precisar de nenhuma contraprova?

E agora, com seu "dez!" ecoando em meu ouvido, uma tremenda dúvida toma conta de mim: "Será que hoje voltaria a pedir para fazer a prova?".

LEVEZA

*L'inferno dei viventi non è qualcosa che sarà: è quello che è già qui (...), che formiamo stando insieme. Ma è necessario saper riconoscere chi e cosa, in mezzo all'inferno, non è inferno, e farlo durare, e dargli spazio.**

Italo Calvino
Le città invisibili

Dias atrás, reli as *Lezioni americane: sei proposte per il prossimo millennio* (Lições americanas: seis propostas para o próximo milênio), conferências que Italo Calvino iria pronunciar na Universidade Harvard, em 1985. Em cada uma delas o autor propõe os valores literários que deveriam ser levados para o século XXI: Leveza, Rapidez, Exatidão, Visibilidade, Multiplicidade e Consistência.

Calvino não chegou a escrever a última e não pronunciou as conferências já escritas, vítima que foi de

---

* "O inferno dos vivos não é algo que será, é o que já está aqui (...), que formamos estando juntos. Mas é necessário saber reconhecer quem e o que, no meio do inferno, não é inferno, e fazê-lo crescer, e dar-lhe espaço."

um derrame fulminante, às vésperas de sua viagem aos Estados Unidos, e as *Lezioni americane* foram publicadas postumamente, em 1988.

Textos de leitura fascinante, deixados como legado por um autor genial. Das seis propostas, me propus falar um pouco sobre a primeira.

Por "Leveza", Calvino não entende a leveza da pluma, que se deixa levar, mas do voo do pássaro: leveza como reação ao peso, pois é a gravidade que detém o segredo da leveza. Leveza que vem do fortalecimento e longo adestramento das asas, antes de o pássaro enfrentar seu primeiro voo.

Quantos outros exemplos desta leveza nos oferece em espetáculo a vida! É o rápido deslizar do salmão ao subir a correnteza dos rios; é o pulo ágil e preciso de um leopardo, ou de um gato; é a veloz corrida da gazela pela savana; é o tecer da teia pela aranha; é o bater das asas de uma borboleta ao se livrar do peso do casulo; é a alegria da criança que aprendeu a andar; é o voo do atleta nas barras assimétricas; é o salto quase voo de um bailarino; é a página leve de um Calvino, que supera o peso do escrever.

Sim, conseguir a leveza na página supõe um esforço como do pássaro para voar, da borboleta para sair do casulo, do bailarino para se desprender do solo. É preciso uma luta corpo a corpo com as palavras, às vezes uma luta quase hercúlea com a palavra que se busca e não se encontra, a palavra certa, precisa e necessária, que possa dizer o que se quer dizer. Não basta conhecer a língua, dominar plenamente o léxico, a gramática e a sintaxe, que são instrumentos indispensáveis, mas não suficientes para escalar a montanha que se apresenta, toda vez que uma ideia precisa se concretizar em palavras. É preciso que o texto ressoe dentro de quem escreve, que se torne música, uma sinfonia em que qualquer nota falsa pode comprometer o todo: é preciso que se torne canto de pássaro.

A esse propósito, é muito interessante a "Introdução" que Calvino fez ao livro intitulado *Il sentiero dei nidi di ragno* (A trilha dos ninhos das aranhas), escrito por ele anos antes: um Calvino maduro que revisita o Calvino jovem. Na "Introdução", ele escreve duas ou três páginas, de uma transparência e lucidez inigualáveis, que fazem o leitor pensar que não poderia haver introdução melhor, e mais válida. Mas Calvino retoma e surpreende o leitor com um novo enfoque, igualmente lúcido, transparente e válido, e assim por diante, voltando ao tema sempre sob novo ângulo, intrigando o leitor e fazendo-o pensar.

Com isso, claro, Calvino quis dizer que são infinitas as possibilidades de se escrever sobre o mesmo tema. Mas será que quis dizer, também, que o espírito humano não deve se contentar com uma única verdade, geralmente imposta, mas que, ao contrário, deve se empenhar em buscar outras verdades, em se perguntar sempre, em sempre buscar novas respostas? E dizer, também, que a página leve e perfeita, como canto de pássaro, é impossível de ser escrita?

E será que Calvino, na frase que utilizei como epígrafe, quis dizer que "leveza" também consiste em "reconhecer, dentro do inferno que formamos estando juntos, aquilo que não é inferno, e fazê-lo durar, e dar-lhe espaço?".

Acredito que sim, e é algo de suma importância, que não compete somente a quem se dedica à literatura, mas a todos nós, os viventes: não aceitar o inferno e não fazer parte dele, a ponto de não vê-lo mais.

UMA RUA PARA CHAMAR DE MINHA

Moro nesta rua há mais de vinte anos. Na verdade, é uma avenida, que corre ao longo de um espigão, com declives bastante acentuados.

É possível imaginar a paisagem original, ou natural, deste lugar: um espigão, recoberto por cheiroso capim — do alto do qual se via o Pico do Jaraguá e os montes da Cantareira em toda a sua extensão —, com uma vertente voltada a leste e outra a oeste, por onde desciam as águas, que se juntavam em ribeirões, que corriam soltos entre o frescor da mata que lhes protegia as margens, em seu caminho rumo ao rio Pinheiros.

Esta paisagem sumiu debaixo da paisagem artificial criada pelo crescimento da cidade: do alto do espigão só é possível ver os montes da Cantareira entre os intervalos da cortina quase ininterrupta das construções, e o Jaraguá desapareceu quase por completo atrás do perfil rígido e retilíneo de maciços e cinzentos prédios de apartamentos.

No fundo do vale voltado a leste foi construída uma avenida, provavelmente cortando ao meio uma favela já existente, empurrando-a para o morro (onde está agora), aprisionando em tubulações e transformando em esgoto o ribeirão, que faz sentir sua subterrânea presença na época das chuvas, quando as águas fétidas saem dos bueiros, e voltam a ocupar o lugar que lhes pertencia.

Na outra vertente, voltada a oeste, ainda se vê o ribeirão, mas as árvores que formavam a mata ciliar cederam lugar ao casario compacto e miúdo de outra favela, que não para de crescer, subindo compacta pela encosta, com o labirinto de suas ruelas estreitas e tortuosas, e suas casinhas que, no início construídas com os mais variados materiais encontrados pelas ruas da cidade, ganham agora paredes de tijolos, e até um primeiro e um segundo andar.

Quem escreve também morou em barraco, nos longínquos anos do pós-guerra, em Roma, e sabe o que é não ter um teto digno sobre a cabeça, não precisando fazer nenhum esforço de imaginação para saber o que é a penúria do viver: basta lembrar. E sente seu coração se apertar ao ver que, ao contrário do que se esperava do tão alardeado crescimento desta cidade — quando se vislumbrava um futuro de igualdade e progresso para todos —, as desigualdades sociais se aprofundaram, e são dolorosamente expostas na paisagem urbana, no atrito entre os elegantes prédios de condomínio e os miseráveis casarios, muitas vezes lado a lado: uma desigualdade que põe em confronto dois mundos diferentes e inconciliáveis, separados por altos muros e cercas elétricas: duas realidades empenhadas numa espécie de guerra civil, a mais triste das guerras.

Outro dia, esta minha rua (ou avenida) foi citada num jornal como uma das mais perigosas da cidade, por sofrer ataques facilitados pela topografia do lugar: moleques, sempre em dois, em bicicletas ou motos, sobem a ladeira oeste e, após rápidos ataques a transeuntes ou a carros prestes a entrar em suas casas, voam encosta abaixo, pela ladeira oposta, tornando praticamente impossível qualquer busca.

Nada de novo, para uma cidade como São Paulo: apenas a constatação de que não há mais nenhum lugar seguro, que toda a cidade está envolta por um verdadeiro círculo do medo, e que o brutal crescimento urbano, afinal, nos tirou o que de mais íntimo havia, para fora da casa: uma rua que cada um de nós pudesse, realmente, chamar de "sua".

O OLHAR E A PAISAGEM

Na primeira vez, o olhar, apressado e distraído, viu que eram casas brancas, com telhados vermelhos, que estavam à sua frente, de um terraço no oitavo andar de um prédio.

Quando olhou de novo, viu que eram sobrados, todos geminados, dispostos um ao lado do outro ao longo das ruas. Viu também que os quintais de cada sobrado se tocavam nos fundos e se diferenciavam uns dos outros, alguns com árvores, outros com pequenos telhados, ou puxadinhos, que sugeriam a presença de alguma churrasqueira ou área de lazer.

De repente, um sobrado de intenso azul anil chamou a atenção do olhar. "Como não vi antes? Será que foi pintado durante a noite?", pensou o olhar. "Só pode ser isso, porque é impossível não reparar nele, que parece gritar entre os vizinhos brancos, querendo ser visto!"

E o olhar ficou maravilhado ao descobrir, logo ali, no primeiro plano, um sobrado pintado de azul-claro, outro de rosa velho e outro de verde-abacate, um ao lado do outro, um verdadeiro buquê de cores diferenciadas. "Ando realmente distraído", pensou.

Para reparar essa distração, o olhar passeou por todos os sobrados, um a um, e descobriu mais dois amarelinhos, outro verde, outro rosa velho, e até um lilás, disseminados entre os brancos, que, sendo a maioria, haviam enganado o olhar distraído (mas ele continua a não se conformar por não ter visto logo aquele azul anil. Paciência! Antes tarde que nunca!).

E, voltando a percorrer com mais calma o lugar, percebeu que as ruas eram todas retas e se cruzavam formando um tabuleiro de xadrez, e pensou então que se tratava de um loteamento planejado, a que haviam dado o nome de Jardim R. Não, não é um loteamento semelhante aos que se construíram para a classe rica na encosta oeste da Paulista (os famosos Jardins); foi construído para a classe média, dando-lhe o nome de Jardim (afinal o vocábulo "jardim" não é prerrogativa dos ricos, só faltava isso! É uma palavra como outra, constante dos dicionários, e também bairros periféricos e pobres a podem usar, ou não?).

O traçado em xadrez foi possível, pensou o olhar, graças à topografia quase plana. Sim, quase plana, porque, olhando bem, é mais elevada a oeste, e desce suavemente para leste, e é circundada de um lado por uma colina coberta de mata, e do outro por uma colina coberta de prédios, aos pés da qual corre uma avenida de tráfego intenso.

E o olhar se demorou a reconstruir a topografia original, antes da criação do bairro: uma bacia de captação de águas, em formato de ferradura, circundada por colinas, de onde desciam filetes de água, que se juntavam formando um córrego que, no fundo do vale, depositou os materiais carregados, dando origem àquela área relativamente plana.

Agora não se vê nenhum córrego: o olhar sabe que desapareceu debaixo do cimento e do asfalto, como praticamente todos os córregos e ribeirões, para dar espaço à cidade que crescia.

Seria oneroso e demorado construir respeitando a natureza de cada lugar, pensou o olhar, daí as soluções mais rápidas e fáceis, sem se preocupar com o fato de que a cidade poderia sofrer no futuro, tendo seu chão violentado, sua mata extirpada, seus ribeirões e córregos soterrados.

E, após esse passeio pelo passado, antes de deixar o terraço, o olhar deu outra volta pela paisagem costumeira, já tantas vezes vista, e de repente exclamou:

"Deus do céu, como não reparei naquilo ali antes?"

NORTE E SUL

Acordei com muita raiva de um sujeito cujo nome não lembro, mas que mostrou ser um perfeito idiota.

Aconteceu anos atrás, num congresso de professores e estudiosos da Língua e Literatura Italiana, em Salvador, com a participação de vários professores italianos, cujas palestras, obviamente, atraíam as maiores plateias.

Naquele dia, um desses professores falava, com muita propriedade e erudição, a respeito do conceito de Natureza em Giacomo Leopardi[*], um tema apaixonante e nada simples de abordar. Mas, lá pelas tantas, seguindo sei lá que pensamento, o professor mandou esta pérola: "Aliás, percebi que, aqui, a água desce pelo ralo de modo errado!"

Pulei da cadeira como se houvesse uma mola no meu assento, pronta a gritar ao ilustre italiano: "Como pode dizer que a natureza está errada? A água, aqui no Hemisfério Sul, desce pelo ralo em sentido inverso ao do Hemisfério Norte. E para isso há uma explicação científica,

---

[*] Giacomo Leopardi (1798-1837), ensaísta, filólogo e um dos maiores expoentes da poesia italiana.

ligada ao movimento de rotação e de curvatura da terra, chamada Força de Coriolis, ou Força Inercial, que também determina o sentido das correntes marinhas e dos furacões. Inverso, não errado, meu senhor!".

Estava pronta a dizer tudo isso, mas uma colega me puxou pelo braço, forçando-me a sentar e ficar quieta. Ele era uma autoridade na Itália, como poderia eu afrontá-lo desse modo em público?

Fiquei quieta, mas aquilo ficou grudado em minha garganta. E hoje, talvez influenciada por um sonho, acordei irada com aquela frase, dita por um ilustre e erudito professor do Hemisfério Norte.

E sinto meu sangue ferver ao pensar que, naquele "erro" da natureza, estava embutido todo um preconceito em relação ao que está ao sul do Equador, e isso de longa data: o Sul, desconhecido e temido, foi o Inferno, durante a Idade Média; foi terra de saque, proporcionando gordos recursos e imensas riquezas, após a "descoberta" das Américas, quando os "conquistadores" outorgaram a si mesmos os direitos sobre as novas terras e os homens que nelas viviam, a respeito dos quais se discutia se teriam ou não alma; ofereceu novos e amplos espaços para a catequese, que salvava almas pela verdadeira fé (pobre Cristo, quantos homens foram mortos, quantas civilizações foram aniquiladas em seu nome!); mais tarde, foi o reino das ilhas paradisíacas do Mares do Sul, para desfrute dos homens do Norte, naturalmente. E é, agora, o espaço dos países "subdesenvolvidos", cujo destino seria seguir as várias etapas percorridas pelos países do

Norte, para alcançar o status de "países desenvolvidos". E eu me pergunto: será que, nesse processo, irão exigir que a água, no Hemisfério Sul, desça pelo ralo de modo "correto", como desce a água nos ralos de suas casas, localizadas ao norte do Equador?

AGNUS DEI

Acabei de reler *O Evangelho segundo Jesus Cristo*, de Saramago. E o reli porque, quando um livro é bom, não se contenta com uma só leitura, nos obriga a ler e a reler, porque talvez na primeira leitura sejamos levados a apressar as páginas para saber o final, embora saibamos muito bem o final dessa história. Mas, numa segunda ou terceira leitura, nos demoramos em cada período, em cada frase, saboreando cada palavra da escrita de Saramago, na qual, como disse José Paulo Paes:* "É de justiça reconhecer a melhor prosa de ficção da língua portuguesa de nossos dias".

A língua portuguesa já foi, para mim, um amontoado de palavras incompreensíveis e de sons terrivelmente difíceis de serem pronunciados. Muito me custou aprendê-la. E muito mais ainda me custou apreender sua beleza, e as infindáveis nuances poéticas que ela oferece. E é nisso que têm influência os grandes autores, que nos fazem

---

* Poeta, ensaísta e crítico literário brasileiro. Traduziu poemas de vários idiomas, entre os quais o grego e o italiano, e escreveu livros de poesias para crianças.

amar e querer mais e mais essa língua. Saramago é, para mim, um desses autores.

Mas voltemos ao Evangelho. Embora dizendo-se ateu, Saramago não resistiu à tentação (chamemo-la assim) de contar, ele também, essa que é, no dizer de Fabrizio de André,* "*La storia più bella che sia già stata raccontata*" (A história mais linda que já se contou).

Saramago escreveu seu romance baseando-se nos evangelhos ditos "apócrifos", e criou um Cristo diferente daquele a quem estamos acostumados, a começar pelo seu nascimento: "O filho de José e Maria", escreve Saramago, "nasceu como todos os filhos dos homens, sujo do sangue de sua mãe, viscoso das suas mucosidades e sofrendo em silêncio. Chorou porque o fizeram chorar, e chorará por esse mesmo e único motivo."

E, se nasceu como qualquer ser humano, como humano viverá, pelo resto de sua curta existência, com suas dores, suas angústias, suas dúvidas, suas perguntas sem resposta, seu sofrimento sem remédio. É um Cristo mais próximo de nós que nos apresenta Saramago, um homem simples, que viveu na pobreza, ao qual a divindade não foi dada *ab initio*, pronta, vinda de cima, mas será fruto do seu atuar na vida, no seu "amai-vos uns aos outros", no seu "ama o teu próximo como a ti mesmo".

Mas o nascimento desse menino, embora igual ao de todos os seres humanos, será tão revolucionário e de

---

* Palavras de Fabrizio de André, cantor e compositor italiano, referindo-se a seu álbum *La Buona Novella* (A boa-nova), em que canta a poesia e a força contidas nos Evangelhos apócrifos, revelando a tradição cristã em sua face mais humana e revolucionária.

tamanha importância que o tempo será dividido, entre os ocidentais, em um "antes" e um "depois" de Ele ter nascido, e sua história se contará e se recontará, mantendo-se viva através dos milênios, até os dias de hoje.

Mas há outra coisa, e muito importante, sobre a qual Saramago nos faz pensar: homem entre os homens, ele tinha os mesmos traços dos homens nascidos no mesmo lugar e tempo dEle: olhos escuros, cabelos e barba espessos e crespos, tez queimada pelo sol, em suas andanças por lugares desérticos.

E a imagem quase etérea de Jesus, com seu longo cabelo loiro caindo em lindas madeixas pelas costas, sua tez clara e seus olhos azuis, que nos acostumamos a ver desde pequenos? Esse Cristo, pintado pelos grandes artistas do Renascimento, como Michelangelo e Leonardo, nada mais é do que a projeção do homem europeu, mas não dos mediterrâneos, que guardam muito dos traços dos povos do Médio Oriente. Assim como Deus fez o homem à sua imagem e semelhança, o europeu fez o Cristo à sua imagem e semelhança, e foi essa a imagem que divulgou pelo mundo.

E Saramago nos conta que Jesus, sentado com Deus e o Diabo numa barca envolta por um denso nevoeiro, durante quarenta dias, ouvirá da boca do Diabo que, após sua morte, se criará uma grande *Ecclesia* em torno de seu nome, uma Igreja Católica, porque universal. E que em seu nome haverá guerras, massacres e destruição, um destino ao qual Jesus quer subtrair-se, afasta de mim este cálice, mas em vão: Deus permanecerá calado e Jesus será sacrificado como *Agnus Dei*, o Cordeiro de Deus.

Ele não se defenderá perante o Sinédrio, nem perante Herodes e Pilatos: *Quod scripsi, scripsi* (O que escrevi, escrevi), responderá Pilatos aos hebreus, negando o pedido por eles feito de ser retirada aquela escrita INRI (*Iesus Nazarenus Rex Iudaeorum*), levantado do chão como rei dos judeus, ele que sempre proclamara que seu reino não era deste mundo.

Sabemos que todos os fatos anunciados pelo Diabo se realizaram: morreram de mortes terríveis os seus apóstolos e muitos cristãos, sacrificados para diversão e gáudio do povo romano. E sabemos que, quando Constantino reconheceu a força da Cruz, que lhe apareceu em Ponte Mílvio, e fez do Cristianismo a fé oficial de Roma, os cristãos aumentaram consideravelmente os exércitos romanos e, em nome dessa fé, foram lançados às Cruzadas, as Guerras Santas contra o infiel. E, em seu nome, foram submetidos ao Santo Ofício da Inquisição, e queimados em praça pública, todos aqueles que mantinham suas crenças milenares, tão profundamente arraigadas que nenhum fogo seria capaz de extinguir. E, em seu nome, os Reis Católicos conquistaram o novo mundo, dando início a outro triste período da história humana, submetendo, escravizando e eliminando da face da Terra povos inteiros e suas culturas milenares. E, em nome dessa imagem de Jesus, foram considerados inferiores os povos que não correspondiam ao ideal de beleza do europeu vencedor, porque a história sempre é contada pelos vencedores.

E, se pode chocar, e choca, a última frase de Jesus Cristo na cruz, "Homens, perdoai-lhe, porque ele não sabe o que faz", ela está perfeitamente condizente com esta linda fábula criada por Saramago. E eu me pergunto: seria diferente se Cristo fosse representado como um homem fisicamente igual aos seus conterrâneos, nada tendo de especial no aspecto, mas com um espírito, esse, sim, fora do comum, e que poderia habitar qualquer corpo? Será que o amaríamos menos? Não posso dizer pelos outros, mas eu cheguei à última página do livro sentindo a dor dos pregos em minha própria carne, sentindo meu amor por Ele crescer, e meu coração chorar por esse homem, que sempre chorou porque o fizeram chorar.

BODÃO

É assim que o chamam. Se teve outro nome, nem ele mesmo pensa mais nisso. Ouvi falar dele, pela primeira vez, quando minha filha voltou do terreno onde havia começado a construir sua casa de campo, carregada de verduras fresquinhas, e disse:

"O Bodão me deu!"

"O Bodão?"

"Sim, o vizinho"

"O dono do terreno?"

"Não, mãe. Os donos nem aparecem, e alugam a casa nos finais de semana. É o Bodão que planta. Toma conta da casa e planta."

E assim foi, meses seguidos, enquanto a construção, que eu acompanhava pelas fotos, tomava ares de casa: sempre as verduras e sempre o Bodão que dera.

Quando perguntei à minha filha se o pagava, ela disse que ele se ofendia com isso. Era um presente, dizia ele. E ela só conseguia dar um dinheiro pondo-o no bolso dele, dizendo por sua vez que era um presente.

Quando, um dia, fui até a chácara, havia uma fileira de quiabos, verdes e viçosos, plantados na calçada, rente ao muro da casa de minha filha:

"Foi o Bodão que plantou!", disse ela.

Bodão, sempre o Bodão, e eu o imaginava como um homem grandalhão, alegre e falante, que não podia ver terra não plantada.

Dias atrás, finalmente o conheci. Alguém bateu à porta, chamando por minha filha, na casa onde agora costumo passar alguns dias da semana.

"É o Bodão!", exclamou Yô, meu bisneto, e correu para abrir a porta.

E lá estava ele, o Bodão, o oposto do que eu imaginara: miúdo e magro, barba e cabelos brancos, de poucas palavras, tímido, representante típico daquilo que se costuma chamar "caipira". Atenção! Não no termo pejorativo dado à palavra, mas "caipira" no sentido de camponês tradicional do interior de São Paulo e Minas Gerais, pertencente a uma cultura que praticamente desapareceu, e que só é possível encontrar em algum rincão perdido neste imenso país, num sertão agora evocado.

Bodão segurava dois maços de folhas graúdas e frescas, um em cada mão.

"Estas aqui, mais claras, são couve-manteiga, e estas outras são de umas sementes que comprei como brócolis, mas só deu folhas. Trouxe separadas, para não se confundirem", disse.

Me entregou os dois maços, repetindo que as folhas mais claras eram couve-manteiga, e se despediu rapidamente, quase pedindo desculpas pelo incômodo. Se afastou com um caminhar rápido e ligeiro, de quem está sempre em movimento. Se reteve um instante, virou-se:

"Quando vier a chuva, vou fazer a horta da sua filha!", disse.

À noite caiu uma chuva boa, daquelas que a terra suga com avidez, como uma criança o seio materno. Choveu a noite toda, e todo mundo sabe como é bom dormir ao som da chuva. E amanheceu bonito, o céu claro, as gotas nas folhas multiplicando a luz do sol.

Da janela do quarto, me deixava invadir por toda aquela alegria das plantas, quando vi, lá no fundo, perto das bananeiras, a figura miúda do Bodão. Como prometido, estava fazendo a horta da minha filha.

Já havia passado o rastelo no chão, limpando-o de toda pedrinha, que amontoara num canto. E agora afofava a terra, afundando nela sua enxada, revirando-a em torrões escuros e úmidos, que ia progressivamente esmigalhando, batendo neles com o reverso da enxada.

Fui tomar meu café.

Quando voltei à janela, Bodão havia feito dois longos canteiros, demarcando-os com tábuas e outras coisas que de longe não consegui distinguir, e estava esparramando sobre a terra algo que apanhava a mãos cheias de uma sacola que estava a seu lado: supus que se tratasse de terra misturada a estrume.

De fato, minha filha contou que o Bodão só adubava a terra com estrume, que ia pegar numa fazenda de gado leiteiro, não longe dali. E que depois esmigalhava o estrume com as mãos, o misturava a um pouco de terra, peneirava a mistura e a deixava descansar um tempo, antes de usar.

Espalhado aquele adubo, ele voltou a passar o rastelo na terra, devagar, como se a acariciasse, até a superfície dos canteiros ficar lisinha, feito um veludo.

Só então Bodão parou, pegou um cigarro e, sem deixar de olhar para os canteiros, se agachou e fumou tranquilamente, com aquele jeito secular de quem trabalha regido pelo tempo do próprio trabalho, e não pelo relógio.

E eu continuei a olhar aquele homem pequeno, que carregava uma cultura secular nas costas, mantendo vivo um legado trazido de geração em geração. A terra era sua vida: ele não só a amava, fazia amor com ela.

Terminado o cigarro, Bodão se levantou, pegou um galho e, quando o afundou na terra úmida e receptiva, para traçar os sulcos retinhos que iriam receber as sementes, me senti uma intrusa ao olhá-lo, e o deixei sozinho com sua amada.

GATINHO PEDRÊS

Ontem de manhã, Lindalva chegou toda animada, contando que uma gata sem dono, que mora nas redondezas de sua casa e que sobrevive comendo um pouco aqui e um pouco acolá, dera à luz uma ninhada de gatinhos, em meio às roupas sujas, no quintal da sua vizinha. Contou ainda que arranjara uma caixa de papelão, onde acomodara os gatinhos, sob o olhar arisco e desconfiado da gata, que por medo começara a levar seus gatinhos para o meio do mato, mas que, afinal, entendendo as boas intenções, mostrara gratidão, esfregando o corpo nas pernas da vizinha e nas suas.

Eu ouvi o relato e, curiosa, perguntei de que cor eram os gatinhos.

"Tudo pedrês!", respondeu ela. E se apressou a acrescentar: "Tudo misturadinho, preto e branco".

Lindalva se diz "das Alagoas", e às vezes, quando fala muito rápido, tenho dificuldade em entendê-la, e ela sempre se desculpa pelo seu jeito de falar, e por usar palavras de "gente da roça", como ela diz, e não de "gente da cidade".

Mas eu havia entendido aquela palavra, que me havia transportado para o sertão de Guimarães Rosa, para aquele mundo suspenso entre a fantasia e a realidade onde, entre outras inesquecíveis personagens, vivia "o burrinho pedrês".

Na ocasião em que o lera, havia buscado no dicionário o significado da palavra "pedrês", e havia encontrado: "Salpicado de preto e branco", como agora Lindalva me explicava. Mas nunca mais lera aquela palavra em canto algum, e muito menos a ouvira da boca de alguém.

"Eu sei o que é pedrês", disse a ela, saboreando a palavra.

"Já sabia o que é pedrês?", perguntou então Lindalva, intrigada.

E eu disse que sim, que aquela palavra a utilizara um grande escritor brasileiro, ao escrever um conto sobre um burrinho que era da cor desses gatinhos, pedrês.

"Uma palavra nossa escrita num livro?", perguntou então ela.

E eu contei que esse grande escritor viajara pelos sertões, colhendo da boca do povo as palavras que usavam.

"É mesmo?", perguntou Lindalva, entre incrédula e lisonjeada. E ficou muito feliz quando lhe disse que aquela palavra era muito bonita, e, enquanto se afastava para acudir às suas tarefas, a ouvi dizer: "Quem podia imaginar! Eu disse uma palavra bonita!".

Eu queria ainda dizer a Lindalva que a palavra que ela utilizara para dizer a cor daqueles gatinhos era como uma pedra preciosa, uma pepita de ouro, em meio ao pedregulho indistinto de um rio. E que nem todas as palavras ditas na cidade são bonitas e expressivas. Pelo contrário, são muitas vezes insípidas, frutos da mesmice de uma pretensa igualdade. E que muita riqueza se perdeu desprezando as falas "da roça", ou "das roças", das várias "roças" existentes neste imenso país, porque a suposta inclusão significou de fato exclusão, porque imposta de cima, de uma cultura dita superior, porque detentora dos meios de comunicação e de convicção, que agem como motoniveladoras, num terreno fértil e diversificado, aplainando vales e encostas e picos, transformando em uniforme e árida terra as diferenças que faziam a beleza da paisagem. E que o sertão de Rosa, com seus horizontes a perder de vista e suas veredas, também fora submerso, e talvez pudesse ser ainda encontrado em algum distante rincão, já espaço da saudade e campo de pesquisa de violeiros autênticos, que precisam se transformar em verdadeiros arqueólogos, em busca das palavras perdidas daquele mundo.

    E dizer ainda a ela que, ao falar da cor "pedrês" dos gatinhos, me fez pensar que, de certa forma, o sertão de Rosa sobrevive, ainda não contaminado, nos interstícios dessa cultura urbana dominante e que, se lhe fosse dado espaço, poderia florescer e enriquecê-la. Foi então que lembrei de Maria Natividade.

À FLOR DA PELE

Chamava-se Maria Natividade, e tinha dezesseis anos quando começou a trabalhar em minha casa, vinda havia dois ou três meses de uma cidadezinha perdida no interior do Piauí.

Não se queixava, Maria Natividade, da miséria, da fome e do abandono em que passara a infância, na casa de palha e barro que dividia com os pais e os onze irmãos; nem do trabalho duro na terra que não se abria generosa, deixando-se amorosamente penetrar pela lâmina da enxada, mas se fechava ressequida, porque lhe faltava a doce carícia da água que a dispusesse ao amor; nem das longas caminhadas sob o sol a pino, na estrada que cegava a vista, carregando uma galinha debaixo do braço, para tentar vendê-la na feira da cidadezinha, e trazê-la de volta, porque ninguém quisera — ou pudera — comprá-la; nem das vezes em que não jantara, e dormira com fome, ela e seus irmãozinhos, e ela sentia o estômago encostar nas costas, e escutava na noite o choro dos menorzinhos, chorinho que ia sumindo aos poucos, tragado pelo sono.

De nada disso se queixava Maria Natividade, porque dizia que eram coisas da vida, isso de nascer pobre, e que Deus devia ter suas razões. De qualquer modo, dizia, contra essas coisas era possível lutar, porque Deus lhe dera braços para trabalhar, e pernas para sair daquela penúria e procurar trabalho em outro lugar, coisa que ela havia feito.

Mas o que Maria Natividade não conseguia entender (e não conseguia aceitar) era Deus tê-la condenado a ter a pele negra. Dizia isso mostrando a pele escura e luzidia dos braços, que traziam em sua conformação a memória dos anos duros da enxada. Contra isso, ela dizia, nada podia fazer, por isso era injusto.

E eu lhe dizia que Deus nada tinha a ver com aquela injustiça, que Deus criara a natureza, e a criara variada, de muitas cores e formas, nem justa nem injusta, nem boa nem má, apenas natureza. E que fora o homem branco que, ao longo da História, havia criado as injustiças, a miséria, a fome e o abandono; e a decidir que ele era superior a todas as outras raças, e que, em função disso, era seu direito (direito até divino, diziam!) subjugar, escravizar ou exterminar o outro, o diferente.

Mas nada do que eu dizia punha fim àquele tormento de Maria Natividade, somado agora a outra incompreensão, e a um forte ressentimento, não em relação a Deus, mas em relação à História, que não sabia bem o que era, e ao homem branco, que havia escrito aquela História.

Naquele tempo, eu ouvia muito, na vitrola, o "*Coro degli zingari*" (Coro dos ciganos), da ópera *Il trovatore*, de Giuseppe Verdi,[*] em que ciganos batem em suas bigornas

---

[*] Giuseppe Verdi (1813-1901), um dos maiores compositores de ópera de todos os tempos. Seus coros são famosos pela intensidade emocional.

ao amanhecer, cantando louvores ao trabalho, ao bom vinho e às mulheres ciganas.

Eu ouvia extasiada, quando Maria Natividade, com a franqueza que lhe era própria, disse:

"Não entendo como a senhora pode gostar dessa música, que é uma zoada total, e até dói nos meus miolos!"

Mas um outro dia, em que eu havia posto a tocar o mesmo coro, a vi parada na frente da vitrola, o queixo encostado na vassoura, prestando ouvido à música, atenta e séria. E me disse:

"No meio dessa zoada toda, parece que tem gente batendo em bigornas, como os ferreiros da minha terra, quando fazem enxadas e ferraduras."

E eu lhe disse que sim, que eram ciganos que cantavam, e no meio deles havia ferreiros que trabalhavam enquanto cantavam — ou cantavam enquanto trabalhavam —, porque os cantos, no início dos tempos, haviam nascido com o trabalho, acompanhando o movimento do braço, para aliviar a dor e o cansaço.

Maria Natividade pediu para eu tocar outra vez, ouviu atentamente, de olhos fechados.

"E não é que é bonita, essa música? Parece que ela toca aqui dentro!", disse, pondo as mãos no ventre, e mostrando a pele dos braços arrepiada.

Hoje, ao recordar esse fato, lamento profundamente não ter aproveitado a grande chance que Maria Natividade me oferecia: eu a havia feito apreciar a música lírica, mas não havia anotado certos termos que ela usava. Eu não os entendia, mas os achava bonitos, e pedia que ela me explicasse o significado. Ela sentia vergonha, dizia que só sabia falar assim, que era coisa de gente do campo. Mas eu insistia que os repetisse: eram termos de um português arcaico, nos quais se podia sentir forte a presença do latim, um português que se havia mantido intacto em sua cidadezinha perdida no interior do Piauí, não contaminado pelo português trivial falado nas cidades. Não sei se Maria Natividade ainda lembra da beleza da música de Verdi, mas é certo que eu não posso aproveitar a beleza daqueles termos que ela usava, e que talvez hoje ela também tenha esquecido.

UOMINI E NO

Homens e não é o título de um livro de Elio Vittorini,* ambientado em Milão, durante a ocupação nazista, na Segunda Guerra Mundial.

É verdade que o título é ambíguo, mas Vittorini ficou furioso ao vê-lo traduzido para o francês como *Les hommes e les autres*, título esse que acabou influenciando as traduções em outras línguas. Furioso, porque na tradução ficava explícita uma interpretação dualista, com separação nítida entre "os homens" e "os outros", ou "não homens".

Não era o que Vittorini queria dizer, que existem o Bem e o Mal absolutos, entidades abstratas e irreconciliáveis, mas que os dois sentimentos coexistem dentro de cada homem.

Nada melhor que o livro de Calvino intitulado *Il visconte dimezzato* (O visconde cortado ao meio) para entender a ideia de Vittorini.

---

* Elio Vittorini (1908-1966), nome fundamental na literatura e cultura italiana do século XX. Com Italo Calvino, dirigiu, a partir de 1959, *Il Menabò*, uma revista cultural e literária, publicada pela Editora Einaudi. Sua obra mais conhecida é o romance antifascista *Conversazione in Sicilia*, pelo qual foi preso quando publicado, em 1941. Dele traduzi *Erica e seus irmãos*, publicado em São Paulo, em 2001.

Um visconde vai à guerra, é atingido por não sei que arma, que o atravessa verticalmente, cortando-o em dois. As duas partes continuam vivas, e voltam para o castelo, uma o oposto da outra: uma metade totalmente má, com o meio rosto sempre contraído numa expressão de ódio; a outra totalmente boa, um sorriso constante iluminando o meio rosto.

As duas partes agem de modos diametralmente opostos. Uma dada a todo tipo de abuso do poder: a liberdade individual é eliminada, o povo submetido a perseguições, devendo todos obedecer cegamente ao meio visconde, sob pena de sofrer torturas e mortes.

A outra metade é totalmente permissiva: não há limite algum, tudo é permitido, o povo, em plena liberdade, se entrega a todo tipo de ação e de abusos, até que se instala o caos.

Enfim: ambas as metades eram nocivas. No final da história, aparece um médico, que se diz capaz de juntar as duas partes, que, cansadas de ver o resultado de suas ações, aceitam de bom grado. E a junção se realiza: quando as duas meias caras se unem, desaparecem tanto o constante meio sorriso quanto a constante meia carranca, e aparece um rosto, nem bom nem mau: apenas o rosto de um homem.

O PODER DA ARQUITETURA

A morte de Niemeyer, e as vozes que se levantaram de todo lado, lamentando a morte do arquiteto, me trouxeram fortemente à memória o dia da inauguração de Brasília, quando se levantaram hosanas à nova capital, com invasão de imagens pelo cinema (com certeza os mais velhos se lembram do noticiário exibido antes do filme), pela televisão e pela enxurrada de páginas de jornais e revistas.

Para mim, que vinha de uma Itália em que eram ainda vivas as marcas da guerra, como feridas abertas e gritantes, era tudo tão novo e fantástico que, com o ímpeto próprio da juventude, prontamente aderi àquele entusiasmo. Brasília, explicara o professor de Geografia no colegial, era o símbolo de um Brasil que se voltava para si mesmo, que de certa forma se descobria, ocupando seu imenso interior, deixando de ser o país litorâneo e voltado para fora, como fora até então.

No Planalto Central, o Brasil buscava sua identidade, e Brasília, nas formas curvas e leves que lhe dava seu arquiteto, era o símbolo de uma modernidade que chegava e também, embutida nisso, como em todo processo de ocupação do território e de avanço das frentes pioneiras, o símbolo do domínio indiscutível do homem sobre a natureza.

Os perfis daqueles edifícios, que, produzidos pela técnica moderna, se erguiam do chão entre a poeira que encobria o sol, simbolizavam a presença do homem naquele solo do Planalto Central, que até então conhecera apenas os perfis contortos das árvores do cerrado, debaixo daquele céu de virgem azul (claro que ninguém falava da anterior presença dos índios, que em nada, ou pouco, haviam modificado a paisagem natural).

Não havia como não ficar entusiasmada, pois realmente se acreditava num futuro de progresso e prosperidade para todos. Insisto nisso: aquele futuro de progresso e prosperidade seria para todos. E para todos a liberdade, porque aquele espaço imenso que ia sendo conquistado simbolizava também a liberdade. Abundância de espaço que se expressava em cada edifício que saía da fabulosa imaginação e criatividade do arquiteto naquelas amplas praças e naquelas longas e largas avenidas, propícias aos grandes cortejos e cerimônias oficiais, na cidade que no chão reproduzia a forma de um avião, de um pássaro, ou de uma cruz. E volta viva a imagem do Presidente JK em entusiasmados discursos, ouvidos com olhos atentos por aqueles milhares de trabalhadores braçais, os candangos, os construtores de Brasília, os que haviam realizado a façanha de transformar aquelas linhas traçadas no papel em edifícios reais, submetendo o cimento armado às novas formas sonhadas pelo arquiteto.

E ninguém pensava que, findos os discursos, aqueles milhares de trabalhadores, que haviam acorrido ao Planalto Central provenientes de um Nordeste faminto e sedento, acreditando, eles também, nesse futuro promissor, voltariam para seus barracos de madeira, onde viviam amontoados uns aos outros, sem espaço nem conforto, nas ruelas tortas e sujas, que surgiam na periferia de Brasília, como na periferia de qualquer cidade brasileira, perpetuando, na cidade planejada para o poder, as tremendas distâncias entre as classes e as abissais injustiças sociais. Não, ninguém pensava nisso naquele momento, ou talvez o pensasse como um mal necessário e secundário, apenas um efeito colateral, que com o tempo desapareceria, pois o futuro era promissor.

"E agora?", pergunto. Niemeyer teve tempo de ver, ao longo de toda a sua longa vida, as injustiças sociais e espaciais, que, longe de diminuírem, se tornaram mais agudas com os anos. E me pergunto: será que alguma vez ele, que sempre se disse comunista, pensou em pôr à disposição dos miseráveis, dos deserdados da história, sua fantástica capacidade de criar espaços, e inventar alguma forma de moradias simples e baratas, mas leves e bonitas, uma arquitetura inclusiva, capaz de fazer com que também essa parte da população se elevasse esteticamente do chão?

CORRELAÇÕES AFETIVAS

Sempre senti um encanto particular por Minas Gerais. Desde o tempo em que frequentava o curso de Geografia, um prazer imenso tomava conta de mim quando fazíamos excursões ao estado de Minas. Me proporcionava profundo prazer olhar suas montanhas, os picos, as encostas, os vales, as casas espalhadas aqui e acolá, quase sempre com chaminés soltando fumaça, indicando que ali havia vida, que no velho fogão a lenha se preparava o café da manhã ou o almoço. Tudo me encantava, mas nunca me havia perguntado o porquê desse sentimento especial por essas terras de Minas: sentia-o e pronto.

Muitos anos depois, conheci um professor de Italiano. Era mineiro, e havia feito um curso de especialização em Perúgia, na Úmbria. Quando soube que eu era italiana e havia vivido na região das Marcas, limítrofe da Úmbria, tendo as mesmas paisagens típicas dos Apeninos, ficou emocionado, e me disse:

"Sabe, lá na Úmbria, eu me sentia em casa: olhava aqueles montes e via os montes de Minas, olhava à minha volta e via a paisagem que eu vira desde que nasci."

Dessa vez fui eu a ficar emocionada. Mais do que isso: fiquei aturdida, como se um raio me tivesse atingido em cheio, diante daquela verdadeira epifania, daquela revelação, que me levou às lágrimas, diante do professor mineiro.

"Eu disse algo que não devia?", perguntou ele.

"Não, ao contrário!", respondi. E contei que ele me havia feito entender aquilo que meu corpo me dizia havia tanto tempo, aquele prazer que sentia ao ver a paisagem mineira, mas do qual nunca entendera o motivo.

O professor de Italiano e eu havíamos compartilhado, em sentidos opostos, a mesma experiência, e havíamos entendido a importância das primeiras paisagens vistas ao chegar a este mundo, que nos acompanham vida afora, parte essencial e secreta de nossa própria alma.

LOBOS E OVELHAS

Convenhamos: o lobo, ou *canis lupus*, é um animal lindo, com seu porte soberbo, a soberba cauda e seus longos pelos, que vão do cinza ao preto, passando às vezes por tons terrosos. O lobo nunca foi admirado por sua beleza, mas sempre temido por sua ferocidade.

Desde os primeiros tempos, os lobos apareceram nas fábulas como animais maus, sem piedade em relação aos mais fracos, e ardilosos para conseguir seus objetivos.

É o que nos conta Fedro, na famosa fábula *Lupus et agnus*: um lobo e um cordeiro bebiam da água do mesmo rio, o lobo a montante, o cordeiro a jusante. Mas o lobo, querendo ter uma justificativa para devorar o cordeiro, inicia uma querela:

"Por que sujas a água que eu bebo?"

E o cordeiro retruca:

"Como posso sujar tua água se ela escorre da tua para a minha boca?"

Diante daquela resposta lógica, o lobo recomeça:

"Mas foste tu a falar mal de mim há seis meses!"

"Como posso ter falado mal de ti se nem nascido eu era, seis meses atrás?"

"Então foi teu pai que falou mal de mim!", exclama o lobo e, sem mais delongas, destroça o pobre cordeirinho.

É claro que nesta, como em toda fábula, é projetada a sociedade humana: a crueldade dos mais fortes, os ataques contra os mais frágeis, as intrigas e mentiras para enganar, as querelas para justificar seus atos iníquos, as injustiças feitas contra toda lógica.

Na fábula, Fedro atribui ao lobo uma característica que é própria da raposa, como se verá nas outras fábulas por ele escritas: mas o lobo não se vale de intrigas ou subterfúgios para justificar seus atos: ataca diretamente, e mata porque tem fome.

E foi por essa fome, e por ser o ápice da cadeia alimentar, no Velho Continente, que o lobo sempre aterrorizou os aldeões criadores de ovelhas. Ao longo de toda a história, sabe-se de um único lobo que foi amansado, numa cidade chamada Gúbbio, num tempo chamado Idade Média. Mas quem o amansou foi Francisco, por ser Santo, e não se tem conhecimento de outro lobo que tenha sido amansado. Lobos eram, e lobos continuam, pelo menos aqueles que conseguiram sobreviver, pois em grande parte desapareceram, dizimados pelo homem.

Vai daí que é absolutamente injusta, para os lobos, a frase *homo hominis lupus*, o homem lobo do homem, pois os lobos só comem quando têm fome e, saciados eles e a família, deixam de atacar. Os homens, ao contrário, têm uma fome insaciável, e não há cordeiro que baste.

Roma, a grande Roma, faz remontar suas origens a dois meninos alimentados por uma loba, e isso diz tudo sobre seu destino. O destino dos cordeiros, símbolo de mansuetude, sempre foi serem comidos pelos lobos, ou sacrificados nos altares.

De novo se faz injustiça ao lobo quando se diz "lobo em pele de cordeiro", porque o lobo nunca se esconderia sob a pele de um cordeiro, e muito menos se disfarçaria num rebanho de ovelhas, para depois atacá-las: seria negar a própria natureza, e animal nenhum faz isso.

A esse propósito, para fazer de vez justiça ao lobo, estou de pleno acordo com a Mafalda, a fabulosa criação de Quino, quando proclama:

"Que lobo que nada, eu tenho medo é dos rebanhos de ovelhas!"

OLHAI OS LÍRIOS DO CAMPO

ao professor Sodero
in memoriam

"Me dê cá esse livro, baianinha!", disse o professor de Português, Sodero, quase arrancando-o de minhas mãos. Foi até a estante e voltou com outro livro: "Leia este, baianinha!", disse.

Era fevereiro ou março de 1956, e eu frequentava o primeiro ano do Liceu Clássico, no colégio Dante Alighieri. Havia chegado ao Brasil em fins de 1955 e, durante uns dois meses, tivera aulas com um velho e paciente professor, que me dera as noções básicas da língua portuguesa, como o alfabeto e a pronúncia (Deus, que difícil pronunciar "ão"!). Era óbvio que teria dificuldade quando começassem as aulas, só não sabia o quanto.

O professor Sodero era risonho e brincalhão. Dava aulas com prazer e leveza e, com isso, conseguiu afastar de mim os monstros que me atormentavam, quanto ao aprendizado da nova língua.

Logo de cara, me apelidou de "baianinha" e eu gostei daquele irônico e carinhoso apelido, que me fazia sentir um pouco menos estrangeira.

No dia em que trouxe as provas corrigidas da primeira composição em classe, entregou-as chamando cada aluno à sua mesa, onde explicava as correções.

Por fim, veio sentar-se numa carteira a meu lado e, entregando-me a prova, vermelha de tantas correções, botou as mãos na cabeça e, balançando-a, disse:

"Que nota vou te dar, baianinha? Que nota vou te dar?"

Seria um bom ator da tragicomédia típica da cultura italiana, penso hoje, pois aquela dramatização escondia um riso, porque ele sabia muito bem da minha condição de recém-chegada.

E não sei dizer se foi por brincadeira, ou para me ajudar a superar minha timidez, quando pediu, só a mim, que decorasse uma poesia, para declamar em classe:

"Alma minha gentil, que te partiste tão cedo desta vida descontente...", declamei, de frente para a classe, que se esforçava para sufocar o riso, diante do pobre Camões destruído pela minha fala.

Com o professor Sodero, tínhamos também aulas de leitura, na biblioteca do colégio. Não lembro se era uma vez ao mês ou cada quinze dias, mas lembro nitidamente da primeira daquelas aulas. Na biblioteca, nos sentamos em volta de uma grande mesa, o professor distribuiu os livros e a mim deu um de Jorge Amado, de que não lembro o título.

"Quem não entender alguma palavra, levante a mão e a diga em voz alta!", disse o professor.

Talvez aquilo também fizesse parte do seu jeito brincalhão, sem refletir sobre o fato de que ali havia uma "baianinha" para a qual a maioria das palavras eram novas.

Fui a primeira a levantar a mão:

"O que é cadela, professor?"

"É o feminino de cão", respondeu ele, e não entendi o porquê do riso contido dos meus colegas, que baixavam a cabeça sobre os livros ou cobriam o rosto com eles.

"O que é cio?", perguntei logo em seguida.

Dessa vez o professor se aproximou, falou baixinho, com palavras embaraçadas, mas eu pude entender que era quando os animais desejam cruzar para ter filhotes. E de novo não entendi o riso dos meus colegas atrás dos livros.

"Na próxima palavra só levante a mão, baianinha", disse o professor, baixinho, e se afastou.

Era estranho, aquilo não fazia sentido: por mais que eu não entendesse o português, estava claro que o livro não contava história de animais. Mas continuei lendo, e logo levantei de novo a mão.

O professor se aproximou, leu a palavra que eu apontava na página:

"Me dê cá esse livro, baianinha!", disse. Foi até a estante, voltou com outro livro. "Leia este, baianinha."

E me entregou, de Érico Veríssimo, *Olhai os lírios do campo*.

GARAPA

Absolutamente estarrecedor o filme-documentário intitulado *Garapa*, de José Padilha, apresentado ao público em 2009. Emblemático o título, indicando a água açucarada, levemente aquecida, com que são enchidas (e nem sempre totalmente) as mamadeiras, para enganar a fome das crianças e fazê-las dormir, ou enganá-las de novo pela manhã, quando acordam em suas redes, o corpinho pipocado de moscas, seguramente atraídas pelos restos de garapa, grudados nos cantos de suas boquinhas.

Não que a gente não soubesse a fome do Nordeste. Infelizmente é coisa que todos sabemos há tempo demais, se arrastando há tempo demais pelo semiárido nordestino. Todos a sabemos, mas procuramos não pensar nela, não ver de perto, porque, como já ouvi alguém dizer, "Eu não dou conta de ver uma coisa dessa!", ou então, apoiado em discursos oficiais pautados em estatísticas, acreditar que realmente a fome acabou no Brasil.

Ao contrário disso, a câmera de Padilha nos faz ver, transformando em rostos de crianças e homens e mulheres os números frios das estatísticas, e traduzindo em coisa real e crua o conceito de fome, ao captar a fala daquele homem que diz: "Eu nunca soube em minha vida o que é almoçar, merendar e jantar num mesmo dia", ou daquela mulher que declarou: "Não vou jantar hoje, porque se jantar não vou almoçar amanhã!". Não damos conta de ver? E os que, obrigatoriamente, têm de dar conta de viver aquilo, e digo "aquilo" porque não se pode chamar de "vida" a vivida por aqueles seres humanos.

E a câmera de Padilha se demora naqueles atos cotidianos, e os acompanha no lento tempo real, no mesmo ritmo daqueles gestos realizados com vistas apenas a não morrer de fome, a enganar mais uma vez as crianças, que, completamente nuas, aguardam, com os rostinhos apoiados no fogão a lenha, seguindo atentamente os movimentos da mãe, que enche as mamadeiras, que eles empunham sôfregos, indo deitar-se em algum canto do chão de terra batida, escancarando suas bundinhas ao ar, meninos e meninas, como um tapa na cara do mundo.

São pessoas que fazem parte de programas sociais, que recebem os cinquenta ou setenta reais ao mês, e vão ao "Centro", onde suas crianças são pesadas para constatar o óbvio, que a menor está abaixo do peso, subnutrida, e que por isso receberá, ela, e só ela, uma ração a mais, que deverá consumir lá mesmo no "Centro", enquanto as outras crianças, também subnutridas, também com fome, apenas olham. As mulheres se dizem agradecidas pela ajuda, como não poderia deixar de ser, mas dizem também que é muito pouco, que aquela ajuda não chega à metade do mês.

E Padilha não esconde o outro lado, talvez o mais trágico, do marido que vende os alimentos recebidos para comprar pinga, e aquele homem nada consegue fazer além de beber e gerar mais filhos, porque com certeza é um daqueles que, em criança, beberam pinga na mamadeira, para que parassem de chorar de fome.

Talvez o maior sucesso desses programas sociais consista no fato de apaziguar as consciências daqueles que poderiam fazer mais, e daqueles que "não dão conta de ver". Mas a câmera de Padilha nos obriga a ver, a olhar de perto, a entrar naquelas casas, a ouvir o zumbido das moscas, a sentir o cheiro de garapa misturado ao cheiro da fumaça do fogão a lenha, a imaginar (sentir não é possível) as mordidas da fome no estômago, e sentir vergonha de ter comido, e sentir vergonha daquelas bundinhas de meninos e meninas levantadas no ar, como uma bandeira a clamar que é muito pouco o que se faz por elas.

Trabalho de Hércules, eu sei. Mas é preciso que alguém, realmente, se disponha a agarrar e a domar esse touro, pior do que o de Creta. Uma atuação que ultrapasse de muito o simples assistencialismo, só compreensível como socorro necessário, mas transitório.

Mas o filme de Padilha não se perde em discursos retóricos, não há uma voz que diga olhem isso, olhem aquilo, é preciso isso, é preciso aquilo. Apenas a câmera em preto e branco, que, lenta, nos esmaga na poltrona, espectadores estarrecidos daquelas não vidas que escorrem cinzentas, sem que os próprios protagonistas tenham consciência disso.

TOPOGRAFIA MENTAL

Há duas palavrinhas bem curtas e muito usadas na língua italiana: *su* e *giù*. *Su* quer dizer o que está mais no alto e *giù*, ao contrário, o que está mais embaixo.

Topograficamente, *lassù* indica o topo de uma montanha, de uma colina ou de um morro, *laggiù* o fundo de um vale ou de um precipício. Mas podem significar algo mais transcendental, sendo *Lassù* o Paraíso, e *Laggiù* o seu oposto.

Essas palavrinhas também são utilizadas para indicar se um lugar está mais ao norte ou mais ao sul em relação a outro. Na Itália, *laggiù* indica pejorativamente o Sul da Itália, a parte meridional, palavra que vem recheada de preconceitos antigos e persistentes.

O Brasil faz parte daquilo que os franceses chamam de *là-bas* (lá embaixo), ou seja, os países ao sul do Equador, considerados inferiores e subdesenvolvidos em relação aos situados ao norte, fruto de uma visão eurocentrista do mundo.

Mas quero voltar ao *su* e ao *giù* na Itália, para falar de algo que por muito tempo me intrigou. Eu nasci em Roma, mas passei os primeiros anos da infância na aldeia materna de Fratterosa, durante a Segunda Guerra Mundial. Pois bem: Fratterosa está situada no topo de uma colina de cerca de quatrocentos metros de altitude, enquanto Roma está apenas dez metros acima do nível do mar. Além do mais, Fratterosa está mais ao norte de Roma. Então, levando em conta essas duas informações, quem está em Fratterosa deveria dizer *giù a Roma* e, vice-versa, *su a Fratterosa*. Ou não?

Não. O que se diz, ao contrário, é *su a Roma* e *giù a Fratterosa*.

Muitas vezes me perguntei o porquê dessa lógica totalmente invertida. E acredito ter encontrado uma resposta mergulhando no tempo, na *Roma caput mundi* (Roma cabeça do mundo): assim como a cabeça está sempre na parte mais alta do corpo, Roma estava na parte mais alta do mundo de então, ocupando o que seria o vértice de um Império concebido como uma espécie de pirâmide.

Então não seria uma lógica invertida, mas uma lógica que remonta aos tempos romanos, e obedece até hoje a uma determinada topografia mental, que subsistiu, atravessando séculos, e, pelo jeito, subsistirá, atravessando sei lá quantos outros séculos, porque o mais difícil é mudar aquilo que se interiorizou e criou raízes profundas no inconsciente humano.

Pode ser e pode não ser. Mas de uma coisa tenho certeza: se eu pudesse, voaria agora mesmo *giù a Fratterosa*!

CARUSO

Chamava-se Bermuda, e chegou até mim pelas mãos de meu neto Caio. Não, não foi bem assim. Digamos que o surrupiei de meu neto Caio. Também não foi assim: o caminho pelo qual Bermuda chegou até mim foi um pouco mais complexo, digamos, labiríntico.

Foi assim: Caio ia fazer um estágio no Centro Europeu de Pesquisas Nucleares (CERN), na Suíça, e me pediu para ficar com Bermuda durante um mês. Minha resposta foi categórica:

"Não!"

Nem pensar em gatos em meu apartamento. Não que eu não gostasse de gatos, sempre gostei e tive muitos, quando morava numa casa. Mas a ideia de um gato num apartamento me remetia a um insuportável cheiro de xixi, à impossibilidade de enfeitar os cômodos com objetos delicados, flores etc.

Então interveio meu filho:

"Mãe, um gatinho vai ser bom para você, vai te fazer companhia etc. etc."

Lá vou eu querer companhia de gato? E como seria quando eu mesma fosse viajar? Não, não mesmo! A mãe do Caio também ia viajar, e seu gato ia ficar com a irmã dela, que também já tinha uma gatinha: seria impossível ela ficar com três gatos que se estranhavam, argumentou meu filho. Nada feito! Não e não!

A mãe do Caio viajou, ele também, e Bermuda passou a pior noite da sua vida, encurralado pelos outros dois gatos. Foi o que me contou meu filho, no dia seguinte, como novo argumento para eu ficar com Bermuda.

Acabei cedendo, mas só por trinta dias, e Bermuda, hóspede indesejado, chegou em minha casa com todos os seus pertences: a bandeja com a areia, a pazinha, a ração e até uma escovinha para seu pelo longo e macio.

Logo descobri que era um gato muito quieto e silencioso, até parecia saber que não deveria me molestar. De tão quieto, desconfiei que fosse mudo. E quando emitiu seu primeiro miado, tão fraco e rouco, eu disse:

"Então você mia, Caruso!"

O nome Caruso veio assim, espontaneamente, como antítese à voz do famoso tenor italiano. E ficou, esse nome. E o anunciei ao Caio, numa conversa pelo Skype.

"Tudo bem, pode chamar como quiser, *nonna*!", respondeu ele.

E Caruso foi aos poucos me conquistando, com sua mansidão, abrindo devagarinho seu caminho até meu coração. Então, numa outra ocasião, perguntei ao Caio:

"Tem certeza de que quer o Bermuda de volta?"

"Resolveremos quando eu voltar, *nonna*!", foi a resposta.

Fiz a mesma pergunta em outra ocasião, obtendo a mesma resposta.

Mas eu queria ter certeza de que Caio não levaria Caruso de mim. E então, no último dia do ano, em que Caio estava particularmente eufórico, pela ceia regada a bons vinhos, e ainda mais contente com a neve que caíra, dei meu bote final. Naquele espírito de festas natalinas, Caio seria incapaz de negar um pedido feito pela *nonna*:

"Você tem certeza, Caio..."

Nem me deixou terminar:

"Tá bom, *nonna*, pode ficar com o Bermuda, ou Caruso, ou como você quiser chamar..."

UM HOMEM QUASE PERFEITO

Sempre alimentei uma fantasia, e é chegar em casa e encontrar alguém, de tez moreno-acastanhada e olhos azuis, que me recebe com alegria quando abro a porta, e me faz silenciosas juras de amor com seus olhos de olhar silencioso e intenso, e me enche de atenções, adivinhando meus passos dentro de casa, e se adiantando a eles, porque é mais rápido do que eu, sendo mais jovem, e me faz companhia, quando sento no computador, embora às vezes me atrapalhe, tocando em teclas que não deveria tocar, e assiste à televisão comigo, placidamente deitado a meu lado, usufruindo das minhas carícias e entregando-se totalmente ao prazer de estarmos juntos, pois ele não é como esses homens que têm medo de demonstrar os próprios sentimentos, e ele demonstra isso semicerrando seus olhos azuis, que às vezes se enchem de estupor, quando mudo de posição ou me levanto repentinamente, talvez sentindo-se desprezado, mas logo recupera sua tranquilidade, e pergunta, sempre com os olhos, se está na hora do jantar, quando me dirijo à cozinha, para onde me segue (chegando sempre antes de mim, porque, como já disse, é mais rápido por ser mais jovem), e depois, já alimentados os dois, vemos mais um pouco de televisão ou curtimos juntos o Facebook (e ele de novo toca em teclas que não deveria tocar), e depois vamos os dois para a cama, e ele, cavalheiro, espera pacientemente que eu me prepare para isso, demoradamente, como fazem todas as mulheres: espera com paciência que eu tome banho e vista a camisola, que escove os dentes, tire a maquiagem e passe no rosto o creme noturno, que não se pode facilitar a vida das rugas, e outro creme nas mãos, que é preciso manter macias para os afagos, e soltar o coque do cabelo, e buscar a água na cozinha, e fazer o último xixi, e apagar as luzes da sala, e dar mais uma olhada para fora do terraço para ver se ainda se vê a lua, que essa noite passada estava linda com Júpiter grudado nela, e acender o abajur, e pegar o livro que estou lendo, ou melhor, os dois, porque agora estou lendo Saramago no original e na tradução italiana, mas sobre isso vou falar outra hora, agora quero falar da hora de ir para a cama, e ele, com seus olhos azuis, continua a me olhar com atenção, esperando o momento de eu deitar, porque ele é realmente cavalheiro e não se atreve a deitar antes de mim, e se eu levanto porque esqueci de pegar os óculos ele me olha de novo com olhar de estupor, mas finalmente entende que é chegada a hora de deitar, os dois, um ao lado do outro, e assim ficar, a noite toda, uma longa e doce noite, até que de manhãzinha me acordará, tocando-me de leve nas faces ou nos lábios, para anunciar que já é dia, com seus... ops! não são os lábios quentes de um homem, mas o focinho frio do Caruso a me despertar. Mas digam-me, em verdade, quem precisa de um homem, tendo um gato assim?

SOBRE GATOS E PASSARINHOS

Estou brava com Caruso. Hoje, ao acordar, me deparei com uma porção de pedacinhos de algo indefinido, de cor cinzenta, salpicando o chão desde meu quarto até a sala, em direção ao terraço. Pareciam, à primeira vista, pedaços da espuma que forra o sofá por baixo, que Caruso se encarregara, tempos antes, de destruir, espalhando os pedacinhos pelo chão.

Mas ele havia parado de fazer aquilo, havia aprendido, com broncas e castigos, que era uma coisa que não devia fazer. Por isso meu espanto, pela manhã, ao ver tantos pedacinhos cinza espalhados pelo chão. Parecia até que Caruso fizera de propósito. Teria esquecido os castigos? Queria chamar minha atenção, como fazem as crianças levadas?

Claro que, quando me ouviu gritar "O que foi isso, Caruso?", logo percebeu que eu ficara brava, mas pareceu não entender o porquê. E continuou a me observar, seguindo-me atrás daquelas provas que atestavam sua travessura. E eu não conseguia identificar o que ele havia destruído. Me agachei para recolher um daqueles restos, e — oh surpresa! — não se tratava de um pedacinho de espuma, mas de uma pluminha, leve e delicada, com gradações de cinza, mais claro na base, escurecendo em direção à ponta, onde esfumava em suave tom ferrugem.

Uma pluminha leve e delicada, tantas pluminhas leves e delicadas salpicando o chão até o terraço, local do crime. Crime? Caruso continuava a me olhar sem entender minha braveza. E o passarinho, onde estava? Caruso não é de comer nada além da ração. Nada, nem carne, nem peixe. Posso deixar tudo tranquilamente sobre a pia, que ele nada toca. Mas e o passarinho? Debaixo da cadeira do terraço encontrei umas plumas maiores, das asas. Creio, em gradações de cinza, ferrugem e preto. Mais nada. Olhei de novo, brava, para o Caruso, ralhando com ele.

Mas ele continuou a me olhar estupefato. Por que eu estava brava?, parecia perguntar. O que ele havia feito de errado, afinal? Pois aquela coisa que voava, parecia dizer-me Caruso, estava em sua memória desde o início dos tempos, e ele não a esquecera, apesar de ter sido criado como gato-bem, vivendo em apartamento e comendo ração. Aquela coisa que voava estava latente em sua mente, transmitida a ele pelos milhares, pelos milhões de gatos que o haviam antecedido, e não havia podido ser apagada pelos cuidados com que ele fora criado, como gato-bem, com muitos mimos e comendo comida industrializada. Evidentemente, Caruso não estava com fome, mas aquele bater de asas do passarinho, talvez o mesmo que vem bicar as jabuticabas, despertara seu instinto felino, porque é essa sua natureza, e Caruso só havia feito era seguir sua natureza.

PS: Enquanto escrevia esta crônica, aqui no escritório, um bater de asas passou por cima de minha cabeça, indo se refugiar na estante mais alta. Não consigo vê-lo. Mas Caruso olha para cima, cheirando a presa. *Vou pô-lo para fora, e tentar fazer o passarinho voltar a voar!*, pensei. Mas não consegui. Fui almoçar e, ao voltar e abrir a porta do escritório, pude ver um passarinho voar pela janela. Não consegui ver se era o passarinho desplumado. Espero que sim. Caruso não o viu voar, mas sente que não há mais ninguém aqui no escritório: deixou de olhar para cima e cheirar o ar, e está tranquilamente deitado em meu colo, enquanto escrevo. Conseguiu fugir, o passarinho! É costume dizer-se que se perdem os anéis, mas ficam os dedos. Se foi ele a voar, podemos dizer que perdeu as plumas, mas ficaram as asas! Que assim seja!

A PORTA PROIBIDA

Era este o título de uma fábula, da qual, por mais que me esforce, não consigo lembrar o final. É a história de uma jovem bela e virtuosa, que morava num pobre casebre, numa das ruas mais pobres da cidade. Certo dia, bateram à sua porta dois cavalheiros, que a conduziram a um castelo. Lá, damas de companhia a lavaram e pentearam, e lhe puseram um lindo vestido, dizendo-lhe que poderia passear por todos os lugares do parque e do castelo, só não podia abrir aquela porta, que se encontrava lá no fundo daquele corredor.

A jovem, que até então só abrira a porta que levava da miséria do casebre à miséria da rua, não se importou com aquela proibição, e foi conhecer o lindo parque ao redor do castelo: caminhou à sombra do bosque, que ressoava do trilado de mil pássaros; sentou-se à beira de um lago de águas cristalinas, por onde deslizavam soberbos cisnes brancos e nadavam peixes dourados; se deliciou com o perfume das mil flores do jardim; visitou salões deslumbrantes, com candelabros que desciam de tetos ricamente decorados; maravilhou-se com o quarto de verão, com cortinas e dossel de leve e alva musselina, e com o quarto de inverno, com cortinas e dossel de veludo, e uma grande lareira, para esquentar as noites frias.

Por dias seguidos, a jovem se encantou com tudo que via e de que podia usufruir, até que começou a sentir curiosidade por aquela porta que não podia abrir. O que haveria atrás dela? Por que não podia abri-la? Não podia imaginar nada mais deslumbrante do que tudo que via, e que ia perdendo graça e cor, sombreado por aquela curiosidade, que se fazia cada vez mais forte.

Como disse, não consigo lembrar o final da fábula. Afinal, a jovem abriu ou não a porta? E, se abriu, o que encontrou? Na falta da lembrança, recorri à imaginação: afinal não são as fábulas — "compêndio de todos os destinos humanos", como diz Calvino — fruto da imaginação dos povos, no decorrer de séculos e séculos?

Imaginei dois finais: num deles, ao abrir a porta, a jovem deu com o nada absoluto, ou melhor, com uma leitosa neblina que nada deixava ver e que, pela porta aberta, invadiu o castelo, o bosque, o lago, os canteiros, tudo engolindo, e a jovem se encontrou de novo em seu casebre, coberta de seus pobres trapos.

No outro final, a jovem, ao abrir a porta, se encontrou na sala do trono, com o rei, que, sorrindo, estendeu-lhe a mão, fazendo-a sentar-se a seu lado.

No primeiro caso o castigo, no segundo a recompensa. Mas por quê? Eu precisava encontrar uma resposta plausível a esta disparidade: se a jovem era a mesma, e a transgressão também, a diferença só podia estar no mandatário daquele domínio: a solução lógica é que não se tratava de um só rei, mas de dois.

O primeiro era um soberano absoluto, que reinava com mão de ferro: todos deviam obedecer às suas ordens, por mais absurdas que fossem, sem discuti-las, sendo punida severamente qualquer transgressão ou opinião diferente da sua própria, não dialogando com ninguém, não dando a ninguém a possibilidade de se defender.

O segundo era um soberano regido pela justiça e pela compreensão da alma humana. Por isso entendera a curiosidade que levara a jovem a abrir a porta. Afinal, pensava ele, se o homem não tivesse seguido sua curiosidade em conhecer o mundo e seus mistérios, estaria ainda acendendo o fogo esfregando duas pedras, ou nem isso. Assim, a audácia e a coragem da jovem em descobrir o mistério, longe de decepcioná-lo, agradara-lhe muito, pois não queria a seu lado uma esposa submissa e sem vontade própria, mas uma mulher com caráter para com ele reger seu domínio, com justiça e compreensão.

É isso. Mas, se alguém conhece o final desta fábula, me conte, por favor. Continuo muito curiosa.

RÉQUIEM PARA UM JASMIM

O jasmim ficou lindo no novo terraço, mais espaçoso e inundado de luz do que aquele em que vivia antes. No começo foi difícil, pois havia sido totalmente podado para o transporte, e demorou um bocado de tempo para soltar seus primeiros sinais de vida, seus delicados brotinhos, que logo cresceram vigorosamente, com tamanha quantidade de luz e espaço.

E começou a subir pela rede de proteção, agarrando-se a ela com suas mãozinhas invisíveis, utilizando a seu favor o que era um obstáculo para os gatos. E lá estava ele, debruçado para fora, talvez curioso de olhar a nova paisagem, ou simplesmente seguindo sua natureza, sabe-se lá. Seu verde inundou o terraço, mas era mais bonito visto de fora, porque lá floresciam suas pequenas flores brancas, que o enfeitavam como leves flocos de impossível neve.

Mas, quando estava no esplendor de sua beleza, chegou a intimação de um advogado, avisando que eu tinha três dias para tirar o jasmim de lá. Como assim? Por quê? A quem incomodava? Soube então que uma moradora havia reclamado que as flores caíam em seu terraço, e outra alegara que o jasmim, assim debruçado para fora, desvirtuava a fachada do prédio: as plantas, para quem as quisesse, não poderiam ultrapassar o gradil.

Que absurdo! Tentei defender meu jasmim, alegando que as plantas nos terraços poderiam melhorar o clima da cidade, aliás, deveria ser obrigatório para todos que tivessem terraços enchê-los de plantas, e não fechar com vidros, que, refletindo os raios do sol, aumentam o efeito estufa. Cada terraço seria uma gota no oceano, mas afinal o oceano é feito de gotas. Foi inútil: na assembleia, foram unânimes em acusar o jasmim como réu, e o condenaram sem piedade.

O fato é que tive de tirar o jasmim do seu lugar tão amado, tão batido de sol, e coloquei o vaso longe do gradil. Mas não o podei. Fiz uma estrutura perto do teto, joguei seus galhos por cima, e obtive um caramanchão. Fiquei feliz com isso. Afinal, o terraço ganhara um aspecto rústico, como de uma antiga casa de campo.

No começo, parecia que ele não havia percebido a mudança, as folhas continuaram verdes e as flores agora caíam no meu terraço, perfumando o ar. Mas aos poucos ele foi ficando triste, as folhas já não apresentavam seu brilho, algumas começaram a secar, as flores deixaram de nascer.

Eu o adubava, o molhava religiosamente, mas lhe faltava o sol. Ele foi murchando e foi atacado por uma praga, que asfixiava suas folhas. Eu o podei inteiramente, pensando assim eliminar a praga. E fiquei à espreita de novos brotos, como já havia acontecido na mudança. Mas nada.

Hoje resolvi fazer um corte em seus galhos: sequer uma sombra de seiva. Seco, irremediavelmente, tristemente seco. O jasmim está morto. Morreu de saudade do sol. *Ite, missa est.* Nada mais resta que rezar um Réquiem.

NEBLINA

Così, tra questa immensità,
s'annega il pensier mio:
e il naufragar m'è dolce in questo mare. *

Giacomo Leopardi

A dor na perna me acordou e tive de levantar, andar um pouco pela casa, para aliviar aquele incômodo. Foi assim que cheguei ao terraço e fiquei literalmente de boca aberta: nada se via para além dele. Uma neblina espessa, feito cortina branco-leitosa, o envolvia totalmente, apagando a paisagem costumeira. Apenas a luz de um lampião, muito perto, conseguia atravessá-la, e chegar até mim, como um farol a atestar que tudo, lá embaixo, continuava como sempre.

Era a hora crepuscular, a hora incerta entre a noite que ainda não findara e a manhã que não chegara ainda. Tudo era quietude e silêncio, nenhuma folha a mover-

---

* Assim nesta / imensidade se afoga o meu pensar: / e o naufragar me é doce neste mar.

-se, nenhum rumor a romper aquele ar embalsamado, como se também o tempo tivesse sido suspendido sobre a paisagem submersa.

Meu terraço era como a proa de um navio, que silencioso navegava por esse mar branco e calmo, que tudo anulava, até o pensamento, que imergiu naquela imensidão, esquecido de tudo, esquecido até da dor na perna, apenas saboreando o prazer daquela neblina, que, ao subtrair do meu olhar a paisagem costumeira, me oferecia todas as paisagens possíveis, ou nenhuma, a não ser ela, a própria neblina. E eu a saboreava como se saboreia uma bala de coco, que aos poucos se desmancha na boca.

A neblina também se desmancharia, violentada pelos raios do sol que iria nascer, e voltariam o espaço e o tempo, ao esfumar-se o encanto do esquecimento.

SOBRE GATOS E GATOS

As duas gatinhas chegaram em casa com os nomes de Theófila e Pompeia, que me pareceram grandes demais e pomposos demais para tão pequenas costas. Tinham vindo passar quinze dias em minha casa enquanto meu neto Caio viajava, e, como acontecera com o Caruso, que se chamava Bermuda ao chegar, tratei logo de lhes mudar os nomes, talvez, quem sabe, para me apropriar um pouco delas, como desde sempre se faz ao nomear os lugares, as coisas, os homens, e os bichinhos.

E assim o originário Pompeia se tornou Bianca (que acabou sendo Bia), e Theófila foi cortado ao meio, ficando apenas Théo. Esses nomes colaram perfeitamente nelas, como se os tivessem trazido estampados em seu pelo, ao chegarem a este mundo. Bom, o fato é que as duas gatinhas, assim nomeadas, acabaram ficando comigo, como Caruso.

Elas chegaram pequeninas, branca uma, pretinha a outra, e eu me vi numa árdua missão diplomática, porque afinal minha casa era o território do Caruso, e ele logo demostrou que não estava disposto a compartilhar com ninguém. E me fez entender desde o começo suas não boas intenções: deixou de me receber na porta, como sempre fez; escondia-se nos lugares mais improváveis, sem responder ao meu chamado; rosnava raivoso às minhas tentativas de acariciá-lo, e se lamentava pelos cantos. As gatinhas, por seu lado, desde logo rosnaram ao vê-lo, o pelo eriçado, arqueando seus pequenos corpos em tom ameaçador, e continuaram a fazê-lo, ao passar por ele, por um tempo.

Uma espécie de guerra fria, em suma. Claro, se Caruso quisesse, acabaria com elas, como fez com o passarinho que depenou (mas que não matou!). Entretanto ele não quer chegar a esses extremos, sabendo que eu ficaria muito brava com ele, e também, quem sabe, por entender que elas são gatas tanto quanto ele, pertencentes à mesma espécie felina, embora de cores e linhagens diferentes, mas com as mesmas características essenciais que fazem deles gatos, e não cachorros ou outros animais. E eu, no exercício de minha árdua missão, tive de me empenhar em redobrar meus carinhos com Caruso, para tranquilizá-lo quanto ao espaço que ocupa em minha vida, e ao mesmo tempo acarinhar as gatinhas, para não se tornarem ariscas, num espaço estranho para elas.

Passados uns três ou quatro dias, Caruso começou a olhar para elas longamente, do alto de um móvel, e a observá-las correr atrás de uma bolinha, escalar o sofá, se enroscar uma na outra: brincar, enfim, como todo filhote. E o Caruso, encastelado em sua solidão, talvez estivesse lembrando da própria infância, revendo imagens esquecidas de um tempo passado e, quem sabe, já com vontade de descer do alto do seu castelo, para também correr atrás da bolinha e rolar no tapete com elas.

PESTE EM MILÃO

As páginas mais marcantes e belas do livro *I promessi sposi* (*Os noivos*, em português), de Alessandro Manzoni,* são as em que o autor descreve a peste de Milão. Marcantes pela tragédia que descrevem, belas pelo mesmo motivo.

O livro era de leitura obrigatória na quinta série do ginásio, mas já nos faziam ler as páginas da peste na quinta série do curso primário, quando eu estudava na Itália. E não era uma versão especial para crianças, eram as páginas autorais com os detalhes do horror que fora aquela peste: os tristes e desolados *lazzaretti*, onde eram isolados os infectados, as portas das casas marcadas com um sinal vermelho, indicando que ali havia alguém enfermo, as ruas escuras e sujas da cidade por onde circulavam carretos recolhendo cadáveres, que eram levados para fora das muralhas e queimados.

---

* Alessandro Manzoni (1785-1873), poeta, romancista e filósofo italiano, considerado um dos maiores romancistas por seu *I promessi sposi*, pedra angular da literatura italiana, cujo principal mérito foi ter lançado as bases do romance moderno e, assim, ter patrocinado a unidade linguística italiana.

Havia uma passagem particularmente triste, que a professora nos ditou em classe (repito: na quinta série do curso primário) e que todos nós, diligentemente, escrevemos nos nossos cadernos: "uma triste mãe carrega carinhosamente no colo a filhinha morta, vestida com o melhor vestido, os cachos penteados e enfeitados com laços de fita cor-de-rosa", não sei se eram mesmo rosa os laços; poderia verificar agora mesmo no livro, mas prefiro me ater à memória daquele ditado infantil. "Chegando perto do carreto, a mãe aperta forte ao peito a menina, titubeia em separar-se dela, mas, quando o carreto começa a se mover, não há outra saída senão colocá-la em cima da pilha de cadáveres. Depois a pobre mãe volta para sua casa, e espera a própria morte."

Muito pesado para as crianças, dirão vocês. Concordo. Mas as crianças de então haviam vivido os anos da guerra, e sabiam das dificuldades da vida e dos horrores da morte. Desde pequenas, aliás, haviam sido preparadas a isso pelas fábulas que ouviam de suas avós, fábulas italianas recheadas de terror e sangue, mas em que sempre a justiça prevalece, com a morte do malvado ou da malvada.

Assim no romance de Manzoni, ambientado na Lombardia dominada pelos espanhóis, em meados do século XVII. Don Rodrigo, o mandatário, tenta por todos os meios impedir o casamento dos noivos Renzo e Lucía, pois deseja a moça para si. Os noivos conseguem fugir do lugar, cada um para um lado: "*Addio monti, sorgenti dall'acque, ed elevati al cielo*" (Adeus montes, surgidos das águas e levantados para o céu), dirá Lucia, da barca que a afasta para sempre daqueles montes amados. E Renzo enfrentará aventurosas fugas que o levarão a Milão, onde testemunhará a perturbada vida da cidade, na qual se verificam levantes populares pela falta de pão, em meio ao medo da peste. No final, previsível, Don Rodrigo morre, ele também vítima da peste, e os noivos poderão, finalmente, se casar.

No final, o autor nos conta que, em menos de um ano, nasceu uma menina, como tanto desejava Renzo, e nos avisa que outros virão, de ambos os sexos, aos quais Renzo contará suas aventuras. E o autor inclui sua moral católica: o valor demonstrado pelos personagens, ao enfrentar as desgraças, sempre confiantes na Providência.

Uma história digna do folhetim mais banal, dirão vocês, e com razão. Mas a história do amor contrastado serve apenas como trama àquilo que o autor realmente se propôs contar: a situação histórica da região lombarda, sob a dominação espanhola, numa clara alusão ao tempo por ele vivido, em que a Lombardia se encontrava sob o domínio austríaco. Um romance histórico, como os outros que marcaram o Romantismo, na Europa, e o primeiro grande romance da literatura italiana.

Essa peste de Milão veio à minha mente, ao acordar. Talvez porque a peste atual já se instalou em nosso inconsciente, martelados que somos, dia e noite, por notícias assustadoras, por imagens de covas abertas em cemitérios, por lúgubres telefonemas noturnos oferecendo serviços funerários.

A Lombardia, na época contada por Manzoni, era dominada pelos espanhóis. Mas quem é agora Don

Rodrigo? O mundo ficou muito mais complexo, e os Dons Rodrigos não têm mais nome nem cara, escondidos nos meandros do capital mundial. A morte individual nada importa, o importante é fazer funcionar as rodas da grande máquina que é o sistema.

Mas será que o sistema morrerá um dia, asfixiado pela peste que ele mesmo criou?

FOLHAS NO OUTONO

SOLDATI
Si sta come
d'autunno
sugli alberi
le foglie
G. Ungaretti[*]

Giuseppe Ungaretti escreveu essa poesia na trincheira, durante a Primeira Guerra Mundial. Uma poesia breve que, através de uma única, mas poderosa imagem, consegue dizer muito sobre o estado de ânimo dos soldados, frente a frente com o inimigo, nas trincheiras, onde se sentem "como as folhas de uma árvore, no outono".

Pensei muito nessa poesia, nesses dias que correm. Também nós estamos em trincheiras, que não são valas escavadas na terra, mas nossas próprias casas. Diferentemente dos

---

[*] Giuseppe Ungaretti (1888-1970), poeta italiano nascido em Alexandria do Egito, é reconhecido como mestre do hermetismo. De 1936 a 1942, foi professor de Literatura Italiana na Universidade de São Paulo.

soldados, não vemos nosso inimigo, tão mais perigoso e temível porque invisível e onipresente, como um deus que, em lugar de espalhar amor, espalha medo e morte.

Mas será que somos, realmente, como aquelas folhas? Elas, simplesmente, cumprem um destino comum, naquela árvore, conforme as leis universais e imutáveis da natureza. Nós, ao contrário, não estamos sujeitos à lei da nossa própria natureza, a mesma para todos, pois morrer é nosso destino comum. Estamos à mercê de um monstro, que não se sabe se natural, ou resultado de uma intervenção humana, na natureza.

Há mais: não estamos todos na mesma árvore ou, dito de outra forma, no mesmo barco. Aliás, creio que, como em nenhuma outra ocasião, se evidenciam hoje as abissais distâncias sociais e econômicas que avassalam o país. As medidas de precaução não podem ser seguidas igualmente por todos: como não sair de casa, para ganhar o pão de todo dia? E como manter distância, se muitos dormem amontoados no mesmo barraco, na mesma cama, e se, nos ônibus ou no metrô, se deslocam feito sardinhas em lata?

Alguns, os privilegiados, navegam em barcos de luxo, levando tudo que é necessário e muito mais, com espaço suficiente para ficarem longe um do outro, em cômodas cadeiras para tomar sol, enquanto a brisa marinha esvoaça em seus cabelos. Outros navegam apertados em míseros barquinhos, levando, quando muito, um cacho de bananas e alguma farinha, que logo acabarão. Até onde chegarão, uma e outra embarcação, é fácil imaginar.

ESTROMBOLIANA*

Não há dúvida de que se trata de um espetáculo grandioso, daqueles que só a natureza é capaz de realizar, diante do qual o maior espetáculo de fogos de artifício feitos pelos homens é coisa de nada.

Estou falando de Cumbre Vieja, em La Palma. Nome bonito — La Palma —, uma das Ilhas Canárias, que, até onde alcança minha memória, eram sinônimo de paraíso. Um paraíso que nestes dias virou um inferno, para os moradores que lá haviam construído suas vidas e feito projetos para o futuro, que viam serem destruídos diante de seus olhos aterrados e impotentes, desde que Cumbre Vieja havia despertado.

Estou me referindo aos jorros de lava que vomita a boca do vulcão, aos tubos de fumaça que sobem a alturas colossais, aos rios de sangue que descem encosta abaixo, e avançam inelutavelmente em direção ao mar, seguindo por caminhos determinados pela topografia circunstante, tudo destruindo, tudo encobrindo à sua passagem.

---

* Estromboliana: tipo de atividade vulcânica semelhante à do vulcão Stromboli, nas ilhas italianas de Lípari, que se caracteriza por diversas explosões discretas e intermitentes.

Não foi à toa que os antigos designaram um deus — Vulcano — a essas montanhas, cujas fendas trazem à superfície o inferno interior da Terra, assim como designaram deuses a todo fenômeno natural que não entendiam, e ao qual sucumbiam.

Não creio que seja diferente hoje: muitas preces saíram e saem da boca daqueles que observam suas casas serem engolidas e sumirem para sempre sob o avanço dessas línguas de fogo. E sumirem para sempre igrejas, escolas, plantações de bananas, estradas, povoados inteiros.

Após vários dias, a terra continua a tremer. Na encosta se abriram outras bocas, e todas vomitam lava e projetam cinzas para o céu. Hoje as línguas de fogo chegaram ao mar, e arremessam nele toneladas de lava, que levantam colossais nuvens de vapor, e fazem temer um *tsunami*. Na cidadezinha não atingida diretamente pela lava, dia e noite os moradores tiram as cinzas que caíram sobre seus telhados e ameaçam afundá-los, esforço enorme mas inglório, pois as cinzas continuam a cair, cobrindo de preto os campos, as praças, as ruas, a pista do aeroporto, que foi preciso fechar em várias ocasiões.

E, no entanto, chegam turistas e mais turistas, ansiosos para saciar a própria curiosidade, para ver um vulcão ao vivo e a cores, e levar fotos e vídeos, que testemunharão sua galhardia ao chegar tão perto de um vulcão ativo.

Mas, sobre isso, prefiro me calar.

AUSÊNCIA

Nos canais de Veneza, as águas límpidas deixam ver, em sua transparência, cardumes de peixes, que nadam tranquilamente. Em Verona, cisnes deslizam sua beleza pelo verde rio que atravessa a cidade. Em Milão, as praças foram invadidas por coelhos nada assustados. Numa outra cidade aos pés do Alpes, magníficos cervos repousam tranquilos numa praça ao entardecer.

Todos eles — peixes, cisnes, coelhos, cervos — desfrutam do espaço deixado livre, e os homens, reclusos em suas tocas como coelhos assustados, podem ver sua própria ausência.

Entenderão sua fragilidade os homens, ou continuarão a agir como donos irresponsáveis do nosso planeta, que, ao invés de amorosamente cuidar, golpeiam continuamente e não se importam em vê-lo ferido de morte? Continuarão, depois dessa experiência, a agir de forma egoísta em relação aos outros, não se importando com quantos são lançados à miséria para sustentar um rico? Entenderão que é preciso alcançar, realmente, a solidariedade?

Será que é isso que querem nos transmitir os diversos vídeos, vindos da Itália, em que homens e mulheres, isolados em suas casas, cantam de seus terraços os coros mais lindos jamais ouvidos? Será essa a mensagem, no bilhete que encontrei debaixo da minha porta, no qual um casal vizinho, com os quais devo ter trocado apenas os habituais bom-dia e boa-noite, se ofereceu para acudir a minhas necessidades? Será que estamos prontos a ver e ouvir o "outro"? A ver, realmente, o "outro"?

Será que tudo isso ocorrerá? Tenho minhas dúvidas, mas espero estar errada.

A COMPANHIA DOS GATOS

Os gatos, se sabe, são caseiros. Desde que foram domesticados, verbo derivado do latim *domus*, que significa "casa", mais do que ninguém seguem à risca o significado original do termo. E, mais do que ninguém, entenderam que a casa é o melhor lugar para se ficar. Isso, claro, quando se tem uma casa, porque existem gatos sem teto, que perambulam pelas ruas noite adentro, dormem sabe-se lá onde, comem sabe-se lá o quê. Bom, nisso não se diferenciam da nossa espécie, pois muitos seres humanos vivem nas mesmas condições, na periferia de cidades, no mundo inteiro.

Mas, quando têm uma casa, os gatos a amam de todo coração. Sim, de todo coração, e não só a casa, os donos também. Diversamente do que se costuma dizer, eles não gostam da casa sem o dono. Creio que, em suas cabecinhas, dono e casa são uma coisa só. E quem tem gato sabe disso.

Eu, como já sabem, tenho três, e sobre eles falei em outras ocasiões. Mas agora é diferente, porque eu, como eles, não saio mais de casa. E nossas relações se estreitaram. Não sei o que eles pensam sobre esse meu não sair.

Nada sabem de peste e pandemia, nem que a vida acaba e vem a morte. Nada sabem, e nada questionam: apenas usufruem da minha presença ininterrupta em casa. E o demonstram o dia inteiro, não se apartando de mim, participando de todos os atos diários, não me deixando um só minuto sozinha.

De manhã, quando abro a porta do quarto, estão ali os três, sentados, esperando. Não, não é a falta de comida ou de água, que eles têm à vontade, na cozinha. É a falta de minha presença: eles sabem que estou no quarto e, mais cedo ou mais tarde, aquela porta irá se abrir. E, se demora demais, a Bia dá um pulo, puxa a maçaneta, e os três invadem o quarto. E me obrigam a levantar.

A Bia é a gata alfa, a mais arrojada, e é respeitada pelos outros dois: se coloco a comida na vasilha, os outros sempre esperam que ela coma primeiro. E, quando abro a torneira do lavabo, mesmo que os outros tenham sido os primeiros a subir na pia, esperam a Bia beber. O Caruso é sempre o último, talvez por ser macho (embora castrado), e, como bom cavalheiro, dá precedência às damas, como antes era entre os humanos.

Os gatos dormem a maioria do tempo, e isso todo mundo sabe. Mas não é sempre que dormem realmente: ficam quietos, de olhos fechados, talvez meditando. E basta eu fazer um movimento, como levantar da cadeira, e imediatamente abrem os olhos, e ficam à espera do que vou fazer.

Cada um tem uma maneira de se relacionar amorosamente comigo. Caruso sempre deita em meu colo, quando estou no computador ou sentada no sofá. Fica quietinho no colo, de olhos fechados, mas às vezes fixa meu rosto longamente, com seus olhos que não piscam e que imploram carinho. Então começo a acariciá-lo e seu corpo, automaticamente, começa a ronronar (como seria bom se nós humanos tivéssemos um mecanismo semelhante, automático, pelo qual não poderíamos mentir, nem enganar!) e levanta o queixo, a me dizer que é lá o seu ponto fraco, ou forte, sei lá.

Bia costuma se postar em frente à porta do lavabo. Ela não quer beber água: quer carícias. E de fato, ao abrir a porta, ela se esparrama pelo chão, como a batatinha quando nasce, e oferece a barriga para ser acariciada, e gira pra cá, e gira pra lá, para oferecer os flancos também. Saciada essa sede, sobe na pia, e então, sim, vai beber.

Theo, a bela, de pelo preto, longo e luzidio, marrom ou acinzentado em volta do pescoço, feito uma echarpe, se mantém mais alheia, distante, com seu jeito de rainha egípcia (talvez traga na memória a lembrança dos tempos em que os gatos eram venerados, no Antigo Egito). Não gosta de deitar no colo, nem de ser abraçada: quando quer carinho, se aproxima com seu miado delicado, me toca de leve o rosto ou o braço com sua patinha e fixa em mim as duas moedas de ouro que são seus olhos. Recebido o carinho se afasta, para logo voltar, e voltar a se afastar: um vaivém de amor.

Para ela, o ponto alto do dia (ou melhor, da noite) é quando levanto do computador para deitar. Ela sabe, e corre para se postar na frente da porta do quarto. E dorme comigo. Só ela, porque é a única a não fazer xixi na cama. E de manhã me acordará pousando de leve sua mãozinha (ops! patinha) em meu rosto, e eu fingirei não perceber, para ela voltar a me tocar, porque é muito bom receber tão delicadas carícias logo de manhã bem cedinho. Ela quer fazer xixi, eu sei. Abro a porta para ela sair, e volto a dormir. E quando eu, finalmente, levantar, lá estará ela com os outros dois, esperando sentados na frente da porta, porque sabem que, mais cedo ou mais tarde, ela irá se abrir. Bom, assim espero!

GATA DO MATO

Não tinha nome nem teto. Vivia vagando por aí, dormindo onde desse, em qualquer esconderijo ao abrigo da chuva e do frio, alimentando-se de bichos que caçava na mata ou do que conseguia em alguma casa do lugar. Mas um dia sentiu a necessidade de achar um lugar onde pudesse ficar por mais tempo, não para si, que estava acostumada a tudo, mas para aquela coisa que se mexia dentro de seu ventre, anunciando que logo não estaria mais sozinha, mas que teria alguém a quem cuidar, alguém que precisaria, e muito, de um lugar seguro. Foi então que começou a observar com atenção as casas dos arredores. E teve a certeza de que o havia encontrado quando topou com aquela casa em que não havia movimento durante o dia nem luzes à noite, quando a casa mergulhava no mais absoluto silêncio, no meio dos rumores da mata ao redor, de grilos e sapos-martelo. Além do mais, as persianas estavam abertas, e não foi difícil, apesar da barriga, atravessar a grade que protegia a janela, e desaparecer no aconchegante silêncio do interior da casa.

A encontrou uns dias depois meu filho, ao ir ao sítio para o costumeiro fim de semana. Ao entrar no quarto ouviu um miado pequenino, vindo de dentro de uma gaveta da cômoda, que ficara entreaberta. E lá estava ela, a sem nome, mas com teto, com sua cria, naquele feliz abandono, que só podem sentir as fêmeas quando amamentam, e que nem a vista do estranho conseguiu perturbar. A sem nome olhou mansamente para ele, com seus grandes olhos azuis. Talvez tenha alongado uma pata por cima da cria, que seguiu mamando sem saber que poderia correr perigo, mas olhou mansamente para ele, coisa estranha numa gata do mato. Uma caixa de papelão, posta em cima do tapete ao lado da cama, foi a casinha que meu filho arrumou para a sem nome. Foi lá que a encontrei, mansa, dócil, deixando-me brincar com sua cria (contanto que não me afastasse dela), e até posou para a foto, com seu manso olhar de água-marinha, no qual se podia ler uma pergunta: E agora? E agora?

* Nota para tranquilizar o leitor: ela e todos os gatinhos foram adotados: por fim ganhou um teto e um nome, que desconheço. Dela descendem Théo e Bia.

O TREM DO CAIPIRA

a Caio, meu neto

Na cidade de Passa Quatro, em Minas Gerais, há um trenzinho que, todo final de semana e dias feriados, leva turistas para uma viagem de doze quilômetros, uma hora para ir e outra para voltar, subindo e descendo o vale do Passa Quatro.

É uma diversão, uma viagem que emula um tempo passado, de quando quem percorria estas terras brasileiras eram trenzinhos como esse, para deslocamentos de verdade, com uns poucos vagões de passageiros puxados por uma locomotiva a vapor, alimentada a lenha.

Esse trenzinho de dois vagões, com assentos de madeira, sai da pequena estação com estardalhaço, entre fagulhas e fumaça, soltando alto seu silvo, e tocando sem parar a sineta, avisando que vai passar. Atravessa jardins e praças e ruas da cidade, onde homens e mulheres param, crianças batem palmas ou acenam e mandam beijos, cachorros latem e correm endoidecidos, e um velho senhor, assomado à janela, olha distraído o trem que vai, e que logo voltará.

Aos poucos a cidade se rarefaz, e são agora encostas das montanhas, com pastagens batidas pelo sol, pisadas e repisadas por vacas indiferentes ao barulho do trem; e são casas e currais, ao longo da estradinha de terra que serpenteia ao pé da serra. E é o rio, que percorremos no sentido inverso ao das suas águas: espraiado em lentas e preguiçosas curvas no baixo curso, rápido como um jovenzinho nas pedregosas corredeiras, pulando como criança nas pequenas cachoeiras, que aparecem à medida que o vale se estreita, já perto do lugar do seu nascer.

No vagão, um violeiro quase cego passa e repassa, cantando antigas toadas da velha Mantiqueira, e todos se deixam seduzir pela atmosfera de doce encantamento, nesse sonho coletivo, nesse "faz de conta" de uma viagem a um tempo de outrora, que, mesmo não vivido, deixou saudades.

A meio caminho, o trem faz uma parada numa pequenina estação, para reabastecer de lenha a fornalha da caldeira e galgar os últimos quilômetros até a estação final, ao lado do velho túnel, inaugurado por Pedro II como grande feito em direção ao futuro, hoje apenas mudo testemunho do passado.

Lá, alguns turistas entrarão a pé no escuro do túnel, enquanto outros observarão as manobras do trem para voltar, saboreando amoras silvestres, e geleias e compotas, vendidas na plataforma por mulheres do lugar.

Não escondo o encantamento que senti, ao fazer essa viagem com meu neto Caio e sua noiva, Patty. Enquanto a nostálgica paisagem se desenrolava diante de meus olhos, veio à minha mente um ritmo divino e eu o cantarolo, dentro de mim: é "O trenzinho do caipira", de Villa-Lobos, cujas notas captaram com perfeição o movimento de um velho trenzinho, elevando-o à categoria de poesia, capaz de nos fazer percorrer distâncias sem fim, e desmedidos espaços de sonho, e paisagens que, nascidas do próprio amoroso chamado do trem, se abrem amorosas à sua passagem, até que, exausto, chega à última estação, a uma paragem além horizonte, e além tudo.

Assim absorta, nem me dei conta de que a sineta tocava de novo, insistente, e entre fagulhas e fumaça a cidade aos poucos se materializava em ruas, praças e jardins, onde meninas batiam palmas ou mandavam beijos, cachorros corriam endoidecidos e, da mesma janela, o velho senhor olhava distraído o trem que voltava de sua imaginária viagem.

O DITO E O OUVIDO

a Cezar, meu neto

Deve ser verdade que a gente ouve o que quer ouvir. Eu, pelo menos, vivi um fato que pode ser uma prova contundente disso. Claro, agora, com minha idade, pode ocorrer de eu não ouvir bem uma palavra ou uma frase, mas o fato a que me refiro ocorreu há cerca de trinta anos, quando ainda era bastante jovem, e ouvir uma coisa por outra não podia ser atribuída a problemas de audição, mas àquilo que disse antes: a gente ouve o que quer ouvir.

Bom, mas vamos lá. Eu estava na casa de minha filha, precisamente no quarto do filhinho dela, com cerca de dois anos. E ele estava extremamente entretido com uma caixa cheia de brinquedos, dentro da qual, muito sério, mexia e remexia, e nós duas conversávamos ao som daquele barulhinho.

E de repente ele parou e disse:

"*Nonna, sche mi ama?*"

Meu coração deu um pulo:

"Que lindo, meu amor! Claro que a *nonna* te ama! Te ama muito! Você ouviu isso, filha? Ele perguntou se eu o amo! Como posso não amar você, meu lindo, meu netinho tão querido, meu..." — e por aí foi.

Na minha empolgação, nem me havia dado conta de que minha filha caíra numa gostosa gargalhada, que aumentava à medida que eu continuava a falar, já com os olhos marejados de tanta emoção. Afinal, mal conseguindo segurar o riso, minha filha conseguiu dizer:

"Para com isso, mãe! Ele disse: '*Nonna*, achei minha arma!'"

E só então vi, na mãozinha do meu neto, o revólver de plástico que ele, vitorioso, agitava no ar.

O POETA E A POESIA

a José Paulo Paes
in memoriam

José Paulo Paes, pensador, ensaísta e poeta (escreveu também poesias para livros infantis, tarefa de sumo valor, pois é pelas crianças que é preciso começar, para desenvolver o gosto pela leitura), foi também tradutor de poetas gregos, dinamarqueses, italianos, americanos e ingleses, uma capacidade adquirida como autodidata.

Tive a felicidade de conhecê-lo pessoalmente, em fins dos anos 1980, quando ele era membro da Comissão Editorial da *Revista do IEB* (Instituto de Estudos Brasileiros), da qual participavam alguns professores da Faculdade de Filosofia da USP, entre os quais eu estava incluída.

Naquelas reuniões, que duraram alguns anos, era uma delícia ouvir José Paulo, com falas que me fascinavam pela ampla visão e objetividade, pela simplicidade com que explanava seus pontos de vista, pelo papo inteligente, arguto, fino, culto.

Um dia, José Paulo pediu minha opinião sobre sua tradução de poesias de Giacomo Leopardi, autor que eu conhecia de longa data, tendo já lido praticamente todas as suas poesias em italiano, e decorado algumas, em meu tempo de ginásio, na Itália.

Lisonjeada com o pedido, cheguei em casa e comecei a ler, ansiosa para ver as soluções dadas por José Paulo ao espinhoso ofício do traduzir (ainda mais tratando-se de poesias), pois naquele tempo eu estava envolvida na tradução de obras de grandes autores da literatura italiana, para uma editora de São Paulo.

Comecei confrontando os textos em italiano e em português, abertos à minha frente, para verificar as soluções e a eficácia da tradução: uma análise fria e objetiva, palavra por palavra.

Mas, ao começar a ler "Vagas estrelas da Ursa...", esqueci o confronto, e me deixei envolver pelo encanto do texto, pelo ritmo musical das palavras, que ecoavam ritmos não esquecidos, e pelas imagens que brotavam daquelas linhas, as mesmas que eu recordava, de tantos anos antes.

Eu havia entrado numa espécie de transe, e tive de fazer um grande esforço para me dar conta de que estava lendo em português: José Paulo havia realizado o milagre da tradução, confirmando que é preciso ser poeta para traduzir poesia, ou, dito de outro modo, que só um poeta consegue traduzir o intraduzível.

Quando, dias depois, contei a José Paulo minha experiência ao ler as poesias por ele trazidas para a língua portuguesa, ele me disse que era o maior elogio que já havia recebido.

O RITUAL DO PRANTO

No melodrama, ou ópera-lírica, muitas protagonistas morrem no final: morrem de tuberculose a Violeta da *Traviata* e a Mimi da *Bohème*, morre apunhalada a Carmen, morre jogando-se do alto de Castel Sant'Angelo a Tosca, morre praticando haraquiri a delicada Butterfly.

Uma noite de tantos anos atrás, uma amiga e eu, as duas apaixonadas por ópera, estávamos assistindo *Madama Butterfly*. Já a havíamos assistido outras vezes e sabíamos muito bem como terminaria. Mas, daquela vez, perto do final, minha amiga caiu em prantos. Eu, atenta ao espetáculo, não notara quando as lágrimas haviam começado a escorrer pela sua face. Só percebi quando começou a soluçar. Tentando ajudá-la, eu disse:

"Não chore, pode ser que desta vez ele chegue em tempo de impedir o suicídio."

"Só mesmo você para dizer uma coisa dessa!", disse minha amiga, sem poder conter o riso.

O fato é que, também daquela vez, Butterfly morre, fincando no ventre o punhal do pai, após ler as palavras escritas nele: "*Con onor muore chi non può serbar vita con onore*" (Com honra morre quem não pode conservar a vida com honra).

Claro, a morte de Butterfly era fingimento, era ficção, era representação, mas o pranto de minha amiga era verdadeiro, arrancado do fundo de sua alma, de uma dor talvez contida havia tempos, e que nas lágrimas encontrara uma saída libertadora.

Todos, creio, já ouviram falar das carpideiras, no Nordeste brasileiro. São as profissionais do pranto, contratadas para participar dos velórios e, vestidas de preto, lamentar, lamuriar e chorar o morto. Nesses casos, o morto é verdadeiro, e as lágrimas são representação, fingimento, ficção.

Uma profissão que exige talento, é claro, e que afunda suas raízes em tempos muito remotos. Fala-se delas no Antigo Testamento, e seu nome, em hebraico, significa literalmente "aquelas que são como fonte de lágrimas". A representação simula a dor se desfazendo em lágrimas, aliviando parentes e amigos do falecido. Mas há outra função, menos nobre: mostrar a importância do pranteado, pelo maior ou menor número de carpideiras contratadas.

Iconografias dos séculos XV e XIV antes de Cristo, na cidade egípcia de Tebas, atestam que era um ofício conhecido e praticado não só em Israel, mas em todo o antigo Oriente: Babilônia, Assíria, Grécia, Roma.

Na antiga Grécia, Pentos era a personificação do pranto, incumbida por Zeus de cuidar dos humanos, quando perdiam algum ser querido, levando-lhes aquilo que deviam entregar ao morto: lágrimas e tristeza.

Nas aldeias da Calábria, que fizeram parte da Magna Grécia, e onde, portanto, a influência grega foi muito forte, a morte de alguém (pelo menos até onde tenho conhecimento) não representa um fato familiar, mas coletivo, de toda a aldeia. Nas cerimônias fúnebres, as mulheres, com seus eternos vestidos pretos, pranteiam o morto como se fosse da família: uma verdadeira cultura do luto e da dor.

Quando éramos meninas, na Roma desolada do pós--guerra, minhas amiguinhas e eu nada sabíamos disso. No entanto, havíamos organizado nosso próprio ritual do pranto: nas tardes de verão, nos reuníamos no quintal onde morávamos e começávamos a leitura do livro *Cuore*, de De Amicis. Já conhecíamos as histórias, todas tristes, mas as líamos e relíamos, e toda vez chorávamos, e nos despedindo sempre com os olhos vermelhos e com um "*A domani*", sabendo que iríamos ler de novo e de novo chorar.

Por que, meninas de oito, nove anos, tínhamos tanta necessidade de chorar? Seria pela miséria que nos circundava, pela eterna preocupação estampada nos rostos de nossos pais, pelas contínuas queixas de nossas mães, que não sabiam o que pôr em nossos pratos? Ou seria por essa tradição de pranto ritual, que carregávamos em nosso sangue, sem sabê-lo? Vai ver era tão somente a presença de Pentos, que descera do Olimpo e abrira sua fonte de lágrimas, porque essa era a incumbência a ela dada por Zeus.

VIDA ETERNA

a tio Consolato

in memoriam

Sabemos que a morte está sempre a nosso lado, desde o primeiro choro que damos ao entrar neste mundo (muitos, que não puderam dar esse choro inicial, talvez o tenham dado no ventre materno, vai saber!).

Os romanos espalhavam placas pela cidade com a escrita *Memento mori* (Lembra-te que morrerás). Não há escapatória possível: morreremos. Mas vivemos ignorando a morte, certos de que, não pensando nela, ela também não pensará em nós. E seguimos mais a outra famosa frase latina: *Carpe diem*. Sim, usufrua o dia, colha o momento, goze-o plenamente, sem pensar que esta segunda frase tem a ver com a primeira, porque subentende um "pois pode ser o último". Mas nós não pensamos nisso: queremos sempre usufruir o dia, ou a hora, ou o instante, refutando a morte.

Mas não comecei a escrever para refletir sobre vida e morte, e sim para contar uma história, que, no entanto, tudo tem a ver com esse tema crucial. Tem a ver com meu tio Consolato, o mais velho dos irmãos do meu pai, que morreu aos 102 anos. Não só o mais longevo, mas também o único a não morrer de câncer. Vira seus irmãos morrerem por volta dos sessenta anos, as irmãs um pouco mais velhas. Sobrevivera à esposa, a genros, sobrinhas e até a uma filha.

Lúcido até o fim, um dia me surpreendeu ao me perguntar:

"*Dimmi, è possibile vivere senza morire?*"

Olhei para ele estupefata, e nem sei o que respondi. Seu rosto, sempre tranquilo, parecia esconder um longínquo e secreto sentimento de culpa, e, pelo tom que dera à pergunta, dava para entender que ele não tinha medo de morrer, ao contrário, tinha medo de viver para sempre.

Ele gostava de falar comigo porque, àquela altura, eu era a única com quem podia falar em seu dialeto calabrês, que ele não esquecera e que eu aprendera na convivência com *nonna* Consolata, sua mãe. E dávamos boas risadas juntos, quando contava, e voltava a contar, histórias engraçadas de sua juventude ou ditos populares da aldeia natal. Engraçadas porque contadas em calabrês: em italiano ou português não teriam graça alguma.

E mais de uma vez me falou sobre a gripe espanhola, que assolou o mundo no início do século XX. Ninguém da família havia morrido, mas todos se haviam infectado, menos ele, contava. Todos jogados nas camas, ele era o único a poder sair de casa. E toda manhã, nem havia nascido o dia, saía para buscar leite de cabra. Caminhava pelas ruas desertas, entre casas de portas e janelas fechadas, atrás das quais muitos sofriam e muitos morriam. Às vezes passava alguém, como uma sombra, e faziam um aceno um para o outro, de longe.

O leite era para todos da família, contava. Mas, na volta para casa, ele não resistia ao desejo de beber uns goles daquele líquido branco e espumoso, ainda morno, e em seguida passava na *Fontana Vecchia* e voltava a encher a garrafa com água, para a mãe não perceber sua malandragem (me permitam um parêntese: eu vivi uma história semelhante, que contei em meu livro *Adeus às fábulas*, mas não voltava a colocar água, embora houvesse uma *fontanella* bem em frente ao portão do cortiço, e minha mãe sempre percebia, ou sempre jogava verde e eu sempre caía na armadilha).

Contada a história do leite, meu tio parava de falar, permanecia um pouco em absorto silêncio, e afinal me perguntava:

"Será que foi por isso?"

"Por isso o quê, tio?"

"Que todos morreram, menos eu?" E repetia: "Será possível viver sem morrer?".

ADEUS ÀS MULETAS

> *À BENGALA*
> *Contigo me faço*
> *pastor do rebanho*
> *de meus próprios passos.*
>
> José Paulo Paes

Eu sei: existem adeuses tristes, desses cuja dor carregamos o resto de nossas vidas, como o adeus a um lugar amado, a uma pátria, a um amor; existem os terríveis adeuses aos seres queridos que perdemos pelo caminho, sabendo que um dia seremos nós a receber esse adeus dos que continuarem a caminhar; existem os pequenos adeuses — aparentemente indolores, mas só aparentemente — que damos a cada minuto, a cada hora, a cada dia que passa, lembrando que são únicos, e por isso infinitamente preciosos, como infinitamente preciosa a memória que os retém (que seríamos nós sem ela, se as coisas se fossem para sempre sem deixar rastros atrás de si, pelas lembranças?).

Mas existem adeuses felizes, e é desses que quero falar hoje: o adeus a uma cama de hospital, a uma doença que nos manteve presos a ela por tempo longo demais; o adeus à precariedade da falta de trabalho, à angústia do prato vazio, à dominação das drogas, do álcool, do fumo, às injustiças sociais, aos regimes totalitários, aos fanatismos de toda espécie.

Ernest Hemingway escreveu *Adeus às armas*, referindo-se à sangrenta Primeira Guerra Mundial, e hoje, inspirada nele, escrevo "Adeus às muletas", sem deixar de experimentar em relação a elas um profundo agradecimento, não só por terem sido elas minhas pernas substitutas, ajudando-me na árdua tarefa de reaprender a usar as minhas próprias, mas também por me fazerem ver o mundo com os olhos daqueles que, para caminhar, são forçados a usar essas "armas", sem poder dizer-lhes adeus.

Hoje, o médico que me operou, instalando uma prótese em meu quadril, após um longo uso do carrinho e das muletas, pediu que eu levantasse da cadeira e me dirigisse até a porta, sem o sustento das muletas. Olhei desconfiada para ele: seria possível eu andar sem o apoio? Mas ele me olhou firme e repetiu, com firmeza:

"Levanta e anda até a porta!"

Não eram mais que três ou quatro passos, dados só com minhas pernas, três ou quatro vacilantes passos, mas meus, só meus, que coroavam tantos esforços realizados na fisioterapia, e no desejo imenso de voltar a sentir o prazer de caminhar. Uma experiência que minha filha, que me acompanhara ao médico, resumiu na seguinte frase:

"Você é mesmo obediente, mãe! O médico disse: solte as muletas e anda! E você soltou as muletas e andou! Pareceu Lázaro obedecendo à ordem de Jesus."

IOHAN

a Iô, meu bisneto

Quando, pela primeira vez, lhe propus contar a história do Chapeuzinho Vermelho, me perguntou, antes mesmo de eu começar:

"Não pode ser verde, *nonna*?"

Pega de surpresa, perguntei:

"O quê?"

"O chapeuzinho, *nonna*, não pode ser verde?"

Claro, eu disse, e comecei a contar a história do Chapeuzinho Verde, pensando como nunca me ocorrera que o chapeuzinho pudesse ser de uma cor que não fosse o vermelho. E ali estava meu bisneto, menos de dois anos, a me dizer que não era obrigatório aceitar a cor do chapeuzinho como sempre nos disseram que era.

Seu olhar é sério, profundo, quase perturbador, parecendo conter, no amendoado de seus olhos escuros, todos os mistérios do Oriente, e todas as indagações do mundo que ele, ainda tão pequenino, não aceita simplesmente como é, e desde já o muda, como fez agora, na tradicional cor do chapeuzinho mais famoso.

Me chama *nonna*, como me chamou seu pai, o Caio. Que importa se sou a bisavó? Mais tarde entenderá, mas agora é pura felicidade ouvi-lo chamar-me *nonna*, porque *nonna* é musical, em seu som alongado pela dupla consoante, que evoca antigas e esquecidas lembranças, o balanço dos braços da mãe, o doce balançar do berço: *ninna... nanna... nonna... neném*.

Começou a falar bem cedo, repetindo tudo que os adultos falavam, em seu dialeto pessoal, claro. Meu neto me pedira que eu falasse com ele em italiano. E a primeira lição foi contar os dedos de sua mãozinha: *uno, due, tre, quattro, cinque*! Ele repetiu comigo e, quando aprendeu, escutava atento, em silêncio e, adiantando-se ao meu *cinque*, gritava *cinca!*

Refere-se a si mesmo na terceira pessoa, chamando-se Iô. Logo se apaixonou pelos livros que a avó lhe trouxera da França, com lindos desenhos de animais de todos os tipos, domésticos e selvagens, e não cansou enquanto não aprendeu o nome de todos, em português e em francês. Só discordou do nome "galinha".

"Esta é a Rebouças!", disse para a avó.

"Rebouças? Não, é uma galinha!"

"Eu sei que é uma galinha, *bobó*, mas é a Rebouças. Não viu a Rebouças ali no galinheiro? É da mesma cor!"

E se mostrou muito ágil nos quebra-cabeças, montando e desmontando numa velocidade surpreendente, enquanto eu mal conseguia acompanhar o movimento rápido de seus dedinhos. Também gostou dos cubos de madeira, e passou a inventar casas e edifícios. E ele, sempre tão agitado, sempre correndo, os pés descalços, de cá pra lá, no largo espaço do sítio, ficava horas sentado no chão montando e desmontando, com seriedade e afinco. Mas sempre queria alguém a seu lado, para compartilhar a brincadeira. E quando um belo edifício, com seus telhados vermelhos, ruiu ao chão:

"*Putain!*", exclamou.

O dia em que contei a história dos três porquinhos, não se limitou a ouvir: logo assumiu o papel do lobo, e soprou com todas as suas forças contra a casinha de palha, de madeira, e reforçou o inútil sopro contra a casinha de tijolos. Na segunda vez, inverteu os papéis:

"Agora Iô conta e *nonna* sopra!"

Da história de Pinóquio, deu gargalhadas quando o boneco queimou os pés no fogo da lareira, mas a parte de que mais gostou foi a da baleia, que ele imitava abrindo a boca ao máximo e fingindo engolir a água do mar com o barco de Geppetto.

Sempre me conta as novidades quando chego ao sítio: a cobra que aparecera, mas logo fugira, o lagarto que ficou tomando sol na frente da casa, os esquilos que haviam comido a Rebouças, sem deixar nem uma pena, coitadinha.

Possui uma lógica desconcertante. Quando apresentaram o show de dinossauros no Shopping Eldorado, ele estava na fase de paixão aguda por esses bichos ancestrais e resolveram levá-lo. Minha filha foi junto.

Assistiram ao show, passearam pelo shopping, tomaram sorvete, Iô subiu sozinho a escada rolante, e aproveitaram para cortar o cabelo dele. Voltando para casa, minha filha perguntou:

"Quem viu os dinossauros?"

"Iô!", respondeu ele.

"Quem tomou sorvete?"

"Iô!"

"Quem subiu a escada rolante?"

"Iô!"

"Quem cortou o cabelo?"

"O moço!", respondeu Iô.

A TRISTEZA DE IOHAN

a Iô, por supuesto

Uma fábula, se sabe, só ganha sentido quando a boca que fala encontra um ouvido disposto a ouvir. Hoje, a tecnologia pôs à disposição das crianças, mesmo das mais novinhas, um cabedal infinito de historinhas, que podem absorvê-las o dia todo, dispensando avós e bisavós. Não é? Não, não é! Ou, pelo menos, pode não ser. E o digo com certeza pelo que vivenciei, dias atrás, com Iô, que tem agora quatro anos, já sabe jogar "*briscola*" e "*scopa*" nas cartas italianas (e várias vezes ganha, de mim ou do pai, sem nenhuma concessão de nossa parte) e está aprendendo a jogar xadrez com o pai (ele quis me ensinar, mas eu recusei terminantemente: é muito para minha cabeça!).

Naquela noite, Iô pediu que lhe contasse histórias. Contei as que já lhe havia contado quando tinha dois anos, mas ele não se contentou. Encostado em mim, no sofá, pediu histórias diferentes. E então recorri às fábulas contadas por minha *nonna*, Gemma. Contei, com detalhes, uma delas. Ele gostou e pediu mais.

Incansável, resistindo ao sono, pediu mais e mais. E aquelas fábulas voltavam à minha memória, como se minha *nonna* estivesse ali, sussurrando-as em meu ouvido.

Essas fábulas italianas são recheadas de toda sorte de magias e metamorfoses: nelas, lindas jovens aparecem ao se cortar ao meio uma laranja; um belo príncipe é transformado em ogro, um menino em cabrito, uma prometida esposa de rei em pombinha; mãos, cortadas injustamente por um pai malvado, são regeneradas pelas águas de um rio bondoso; mesas fazem aparecer todo tipo de deliciosas comidas; burros cagam moedas de ouro, e humanos são serviçais de gatos. Tudo nelas é possível, e recebido como fato absolutamente natural.

Mas há mais: diferentemente das versões adocicadas, essas fábulas falam sobre a vida sem meios-tons, não escondem das crianças os males, as crueldades e os perigos do mundo. Mas, nelas, a justiça sempre vence: os heróis ou as heroínas, que souberam enfrentar e superar as dificuldades, sempre recebem sua recompensa, ao passo que os malvados (ou malvadas), sempre, digo sempre, sofrem as consequências de seus atos, e muitas rainhas más são lançadas à fogueira em praça pública, sob o júbilo do povo.

Não há perdão nem misericórdia nelas, porque essas fábulas afundam suas raízes no início dos tempos — muitos séculos ou milênios antes de Cristo nascer —, quando existia apenas o instinto natural de sobreviver, quando os homens sabiam de sua pequenez diante de uma natureza poderosa, à qual só podiam contrapor sua imaginação, quando, nas noites tenebrosas ao redor das fogueiras, contavam essas histórias, para apontar os perigos existentes, e saber enfrentar o medo do desconhecido.

Iô as ouviu todas e disse:

"*Nonna*, suas histórias são bem legais, e você é a melhor contadora!"

Disse a ele que minha *nonna* as contara para mim, quando eu era criança. Ele me olhou fixamente, com seus negros olhos amendoados, com aquele seu olhar sério e profundo. Olhou longamente para mim, em silêncio, talvez maravilhado pelo fato de eu também ter sido criança. E foi então que, sem pensar, perguntei:

"Você vai se lembrar de mim, quando for grande?"

Pensei que ele fosse dizer "Claro, *nonna*!" ou "Sim, *nonna*!".

Mas ele continuou a me olhar fixamente, em silêncio. Fiquei assustada:

"O que foi, meu amor?"

Ele não disse nada, continuou a me fixar, o olhar cada vez mais sério. Em silêncio. E foi quando vi seus olhos ficarem avermelhados, se encherem de água, e duas grossas lágrimas rolarem silenciosas pelas suas faces rosadas.

Ele havia entendido, e sua resposta era aquela tristeza, uma tristeza não imaginável numa criança tão pequena que, talvez pela primeira vez, se dava conta de que não eram só as "rebouças" que morriam.

DIÁRIO DE TRÊS GATOS

CARUSO

Fui o primeiro a ter esta dona, que antes era toda minha. Mas depois chegaram aquelas duas coisinhas chatas, tão pequenas que com uma patada eu poderia dar cabo delas num instante. Mas não fiz isso, porque minha dona iria ficar brava comigo, como aquela vez do passarinho. Mas há uma coisa que essas coisinhas entenderam logo: que o colo da dona é só meu e ai de quem se atrever a roubá-lo de mim. Praticamente passo o dia no colo dela, porque ela também praticamente passa o dia sentada, escrevendo ou vendo seus programas na televisão. E ela acostumou tanto com isso que muitas vezes nem percebe que já cheguei e me acomodei. Quando vê, já estou lá, no macio e no cheiro dela. Quando quero seu carinho, me mexo um pouco e olho longamente para ela com meu olhar cheio de amor. Então ela começa a passar a mão no meu pelo e olha para mim. Eu continuo a olhar para ela, ergo a cabeça e então ela entende que quero carícias no meu pescoço. É o meu momento! Ah se eu pudesse fazer com que ela não parasse nunca, se eu pudesse fazê-la entender como isso é bom. Mas acho que ela sabe, senão para que às vezes me acariciaria com as duas mãos, uma na cabeça e outra no pescoço? Oh, que felicidade, se eu pudesse parar o tempo nesse momento! Mas, pensando melhor, se ela me acariciasse assim o dia todo, acho que enjoaríamos um do outro, porque talvez a beleza das coisas consista no fato de serem passageiras, e por isso deve-se aproveitar o momento que se vive, sem pensar no depois. No depois haverá outros dias, outras carícias, e tudo parecerá como se fosse a primeira vez, o primeiro afago de sua mão. Esses intervalos são como o silêncio na música. Sem o silêncio seria um amontoado de notas musicais, e não música. Olha só, ando meio filosófico hoje! Vai ver é porque já tenho bastantes anos nas costas. Será que eu também passarei? E minha dona também? Isso me deixa triste, melancólico. Mas não quero pensar nisso agora, vou curtir este momento, porque ela está passando a mão no meu pescoço e eu estou feliz.

BIA

Eu sou a Bia (diminutivo de Bianca, porque de pequena eu era toda branquinha). Depois meu pelo escureceu, obedecendo à natureza de minha raça, igual à do Caruso, mas o nome ficou, porque nome gruda na gente e não sai mais. Aqui somos três gatos, e cada um é cada um, mesmo na maneira de demonstrar nosso carinho à nossa dona e pedir o carinho dela. Eu, por exemplo, quando ela chega, corro para a porta de entrada e me esparramo no chão, oferecendo minha barriguinha. Bom, dizer barriguinha não é bem verdade, porque a minha é uma barrigona, andei engordando demais, mas tanto faz, ofereço minha barriga e minha dona sabe que esta é minha maneira de demonstrar meu amor e principalmente minha confiança nela, porque não é pra qualquer um que a gente oferece a barriga, que é o lugar mais delicado de todo bicho, e sempre tratamos de defendê-lo, pergunte a qualquer bicho se não é verdade! Todos nós corremos para a porta quando ela chega, mas eu sou a primeira, e quando me esparramo pelo chão os outros saem de perto e fico só eu, com minha barrigona para o ar. Nem sempre minha dona se agacha para acariciá-la, mas quando o faz é a coisa mais gostosa sentir seus dedos passeando para cima e para baixo, e eu me estico toda e fecho os olhos, curtindo aquele momento. Mas às vezes ela não se agacha e até grita comigo, diz que não posso fazer aquilo, que é perigoso ela levar um tombo, que isso e aquilo, e então levanto e deixo os carinhos para outra hora. Espero o momento em que ela levanta de manhã e então corro para a frente da porta do banheiro, todos nós temos a tigelinha com água, mas gostamos de beber diretamente da bica, e ela sabe que pedimos água e abre a torneira. Mas muitas vezes, ao invés de pular na pia, me esparramo no chão e, como o lugar é pequeno, ela não tem por onde fugir e me acaricia a barriga, que é toda para ela. Eu rolo no chão e às vezes acabo indo para debaixo do móvel, mas logo percebo, dou outra volta e lá está minha barriga para ela. Aí chegam os outros, sobem na pia, e acabou-se nosso jogo de amor. Mas agora descobri outro jeito de ficar com ela, sem incomodar e sem que ela precise se agachar: quando está sentada me enrosco em seus pés, sinto seu cheiro e fico feliz.

THEO

Eu era a mais feia, quando cheguei aqui com minha irmã Bia: ela toda branquinha e redondinha, eu magra, desajeitada e de pelo preto. Mas a Bia foi escurecendo e seu pelo continuou curto, enquanto o meu foi ficando brilhoso e comprido, e o rabo tão peludo que agora ando com ele sempre erguido, para que todos vejam como ele é lindo! Mas hoje quero falar do jeito de demonstrar meu carinho e pedir as carícias da nossa dona. Bom, para começar, eu não me esparramo no chão como faz a Bia. Eu acho feio ela fazer isso, entregar-se assim como uma qualquer, no chão, a oferecida! Eu sou mais delicada, como uma dama deve ser. Espero quando minha dona está sentada, e isso acontece quase sempre, porque suas pernas doem, e eu sei disso porque, quando se queixa de dor, sempre fecha os olhos. Nessa hora a deixo em paz, mas, quando vejo que está bem, me aproximo devagar, com meu passo de gata, e, com minha patinha da frente, toco nela, dois ou três toques delicados, às vezes em seu ombro, às vezes em seu rosto, e ela entende que quero carinhos. E lá vem sua mão, onde estão guardados os carinhos, e ela acaricia meu pelo macio e comprido, da cabeça ao rabo, que sinto deslizar em seus dedos. Aí me afasto e volto logo em seguida, com minha patinha em riste. Às vezes passo a pata em seu cabelo, e sei que ela gosta. Mas eu de novo me afasto e de novo volto a tocá-la para pedir seu amor. Às vezes escondo o meu rosto em seu braço e então ela me agarra e me aperta forte contra seu peito. Eu me deixo ficar um pouco, mas logo trato de me desvencilhar e escapo. Gosto mais do meu jeito: tocá-la com minha patinha, receber os carinhos e me afastar. É como um jogo de vaivém. Acho que é como disse o Caruso: ficar sempre junto tira o encanto, ao passo que assim parece que ela fica à espera de meus toques, às vezes até finge que não percebe, para eu tocar-lhe de novo o rosto e o cabelo, porque ela também precisa de carinho, como todo mundo.

CIPRESTES

> *I cipressi che a Bólgheri alti e schietti*
> *Van da San Guido in duplice filar,*
> *Quasi in corsa giganti giovinetti*
> *Mi balzarono incontro e mi guardar.**
>
> Giosuè Carducci**

Aquela dúplice fileira de ciprestes pareceu-me improvável aparição, naquela extensão sem fim de terra roxa, coberta de plantações de soja, em que nada detinha o olhar, até o distante e fugidio horizonte.

Eram fins dos anos 1980 quando conheci a colônia de Pedrinhas, fundada em 1952, para receber imigrantes italianos. Já havia lido o livro *Italianos no mundo rural paulista*, do antropólogo João Baptista Borges Pereira, um

---

* Os ciprestes que em Bólgheri altos e esbeltos / vão de San Guido em dúplice fileira / quase correndo gigantes jovenzinhos / vieram ao meu encontro e me olharam.
** Giosuè Carducci (1835-1907), poeta, foi o primeiro italiano a receber o Prêmio Nobel de Literatura, em 1906.

estudo realizado na década de 1950, que havia colhido a colônia em seu próprio fazer-se.

Nesse estudo pioneiro, referência obrigatória de todos que foram realizados posteriormente sobre Pedrinhas, o antropólogo havia estudado aquele início do núcleo colonial com observações atentas e profundas, dando especial atenção, para além dos dados históricos e geográficos, à relação do imigrante com o novo mundo, captando os sentimentos dos recém-chegados em relação a uma nova e imensa e desconhecida natureza, diante da qual se sentiam perdidos.

Tendo vivido sempre em pequenas aldeias, estranhavam aquela imensidão e o silêncio das noites, não ouvindo mais o toque dos sinos que haviam escandido suas vidas, desde o nascimento.

Vindos de diferentes regiões da Itália, a princípio não se entendiam, pois falavam dialetos diferentes, e começaram a se entender ouvindo os sermões do pároco, com os quais acabaram por aprender um pouco da língua pátria.

Desconheciam os produtos da nova terra, por isso não sabiam sequer lidar com as culturas, o que aumentava suas angústias, que atingiam principalmente as mulheres, muitas das quais se recusaram a aceitar a nova vida, o que levara famílias inteiras a fugir pelas noites, abandonando tudo — casas terras animais sementes — que haviam recebido para um novo começo de vida.

Entre todos, o autor destacara a figura do pároco, vindo do Vêneto, que acompanhara os imigrantes, e enfrentava muitas dificuldades para fazer com que valorizassem a oportunidade que lhes era dada, e se fixassem no lugar.

E do pároco muitos me falaram quando fui a Pedrinhas, que se tornara uma colônia próspera, afirmando o sucesso daquele processo de colonização, apesar de todas as dificuldades do início.

Os moradores, orgulhosos, disseram em uníssono que "Pedrinhas era um pedaço da bela Itália no Brasil!", uma frase em que, sem dúvida, ecoavam as palavras do pároco, em seu esforço de dar ânimo aos imigrantes a refazerem seu novo ninho, e fazerem do novo lugar "um pedaço da bela Itália". Árdua tarefa de missionário, que também sofria de nostalgia de sua terra, e que ficava feliz quando podia falar em dialeto vêneto com seus conterrâneos, e matar também aquela saudade.

Fora ele a plantar aqueles ciprestes na frente do cemitério, me disseram. Ele mesmo os havia trazido da Itália, e dedicara a eles o mesmo amor e cuidado que dedicava aos seus paroquianos, ou mais.

Alguns ciprestes não haviam sobrevivido, abatidos por um clima por demais inclemente para eles, mas insistira, o pároco: ia lá todo dia, dava-lhes água e carinho, os protegia do sol a pino, talvez pedisse a eles que o ajudassem a criar nos trópicos a paisagem longínqua e familiar, porque queria que pelos menos a última morada fosse como aquela em que, menino, sonhara descansar para sempre.

E agora é lá que descansa, e talvez à noite passeie entre seus ciprestes e fale com eles em seu doce dialeto vêneto, e com certeza eles, silenciosos, o escutam e repetem ao vento suas palavras.

FONTE Janson Text
PAPEL Pólen Natural 80 g/m²
IMPRESSÃO Meta